# 高校排球教学改革与技术学练研究

李运 / 著

武汉理工大学出版社
·武汉·

## 内 容 提 要

本书主要围绕高校排球教学改革与技术学练展开研究。首先介绍高校排球教学的基础理论，为排球教学提供理论指导；然后分析高校排球教学的现状与问题，指出影响高校排球教学发展的主要因素，并立足现实提出高校排球教学改革的策略和建议；最后重点对高校排球技术原理、高校排球技术教学方法、高校排球技术实战运用指导、高校排球技术实用训练方法、高校排球技术趣味游戏训练法展开详细研究。本书紧扣主题，结构完整，内容丰富，理论与实践有机结合，能够促进高校排球教学质量的提升和大学生排球技术能力的增强。

**图书在版编目（CIP）数据**

高校排球教学改革与技术学练研究 / 李运著.--武汉 ： 武汉理工大学出版社，2024. 6. -- ISBN 978-7-5629-7127-6

Ⅰ.G842.2

中国国家版本馆CIP数据核字第20245WC810号

**责任编辑**：尹珊珊
**责任校对**：严 曾　　　**排　版**：米 乐
**出版发行**：武汉理工大学出版社
**社　　址**：武汉市洪山区珞狮路122号
**邮　　编**：430070
**网　　址**：http：//www.wutp.com.cn
**经　　销**：各地新华书店
**印　　刷**：北京亚吉飞数码科技有限公司
**开　　本**：710×1000　1/16
**印　　张**：14.5
**字　　数**：230千字
**版　　次**：2025年1月第1版
**印　　次**：2025年1月第1次印刷
**定　　价**：92.00元

凡购本书，如有缺页、倒页、脱页等印装质量问题，请向出版社发行部调换。
本社购书热线电话：027-87391631　87664138　87523148

·版权所有，盗版必究·

# 前 言

排球作为一项集技巧、智慧与团队精神于一体的体育运动，在高校体育教学中一直占据重要地位。近年来，随着教育理念的更新和教学手段的多样化，高校排球教学也在不断改革与创新，力求培养出更多排球技术水平高和拥有良好体育素养的优秀人才。

本书旨在全面系统地研究高校排球教学的理论、现状、改革策略、技术原理、教学方法、实战运用以及实用训练方法等内容。通过深入剖析高校排球教学的特点与规律，明确教学原则与方法，探索教学模式与评价机制，为高校排球教学提供理论支撑和实践指导。同时，本书还关注高校排球教学的现状与改革策略，分析影响教学发展的因素，提出针对性的改革措施，并探讨课程思政与现代信息技术在教学中的创新应用，为高校排球教学的持续发展注入新的活力。

在技术原理方面，本书详细分析了排球技术的基本原理、学习原理以及训练原理，帮助读者深入了解排球技术的本质和规律，为技术教学提供科学依据。在教学方法上，本书涵盖了无球技术、有球技术以及攻防对抗的教学方法，并强调多元创新教学方法的应用，旨在提高教学效果，激发学生的学习兴趣。

本书还重点关注高校排球技术的实战运用指导，通过具体案例分析，详细阐述了各项技术在比赛中的运用方法和技巧，帮助读者更好地将理论知识转化为实践能力。同时，本书还提供了丰富的实用训练方法和趣味游戏训练法，旨在通过多样化的训练手段，提高学生的技术水平和身体素质，培养他们的团队协作精神和竞争意识。

本书是一部全面、系统、实用的高校排球教学指导用书，既适合高校体育教师作为教学参考书使用，也适合广大排球爱好者自学提高。希望通过本书的介绍和指导，能够推动高校排球教学的发展，培养出更多优秀的排球人才，为我国的体育事业贡献力量。

本书共有七章内容。第一章对高校排球教学的理论作了全面的梳理，包括教学特点、规律、原则、方法、模式、评价等。通过对排球教学理论的梳理与回顾，来帮助教师进一步明确教学目标。第二章聚焦于校园排球的教学现状与改革。通过分析高校排球教学现状以及影响教学发展的因素，进而有针对性地制定相应策略并进行将课程思政融入高校排球教学的实践探索。第三章主要从学习原理和训练原理两个方面对排球的基本技术原理展开叙述。第四章主要探讨了排球技术的教学方法，主要包括无球技术教学、有球技术教学、攻防对抗教学以及多元创新教学方法的应用几个方面。第五章是从实战的角度展开分析，强调所教技术在实战中的具体运用。第六章着重讨论排球技术的实用训练方法。第七章选择了排球教学中比较经典的游戏训练法，通过轻松的游戏，能够充分调动学生的学习热情，从而提升他们对排球技术的掌握和运用能力。

总体而言，本书具有以下几个特征。

第一，系统性。本书对排球运动的整个系统进行了全面的梳理，包括校园排球、竞技排球、健身排球、排球产业以及排球后备人才的培养，无论对现代排球教学还是发展竞技排球都具有较强的指导价值。整体而言，本书结构完整，内容丰富，层次清晰，系统性较强。

第二，实用性。本书从理论出发，又应用于具体的实践，对排球教学的改革发展具有较强的现实指导价值。

第三，创新性。排球是一项非常注重创新的体育运动，本书的撰写，是建立在国内外众多学者的研究成果之上，结合作者自身的多年工作经验，从一些创新的角度切入，作了一些新的尝试，希望能够为排球教学改革的研究提供新的思路和有价值的参考。

本书在撰写过程中参考并借鉴了很多专家、学者的研究成果，在此表示诚挚的感谢。由于作者水平有限，书中难免有不妥与疏漏之处，敬请广大读者批评指正。

作 者

2024年3月

# 目 录

**第一章　高校排球教学理论**     1

    第一节　高校排球教学特点与规律     2
    第二节　高校排球教学原则与方法     7
    第三节　高校排球教学模式与评价     18
    第四节　高校排球教学文件的制定     25

**第二章　高校排球教学现状与改革策略**     35

    第一节　高校排球教学现状分析     36
    第二节　影响高校排球教学发展的因素     42
    第三节　高校排球教学改革策略     47
    第四节　课程思政融入高校排球教学的路径     52
    第五节　现代信息技术在高校排球教学中的创新应用     61

**第三章　高校排球技术原理**     65

    第一节　排球技术基本原理     66
    第二节　高校排球技术学习原理     78
    第三节　高校排球技术训练原理     84

**第四章　高校排球技术教学方法**     89

    第一节　高校排球无球技术教学方法     90

第二节　高校排球有球技术教学方法　　　　　　　97
　　第三节　高校排球攻防对抗教学方法　　　　　　　124
　　第四节　多元创新教学方法在高校排球技术中的应用　131

第五章　高校排球技术实战运用指导　　　　　　　　　137
　　第一节　准备姿势与移动技术的实战运用　　　　　138
　　第二节　发球与接发球技术的实战运用　　　　　　140
　　第三节　扣球与拦网技术的实战运用　　　　　　　143
　　第四节　后排防守与应急击球的实战运用　　　　　146

第六章　高校排球技术训练实用方法　　　　　　　　　149
　　第一节　熟悉球性的练习法　　　　　　　　　　　150
　　第二节　垫、传、发球的练习法　　　　　　　　　153
　　第三节　扣球、防守、拦网的练习法　　　　　　　163
　　第四节　提高排球技术能力的其他素质练习方法　　168

第七章　高校排球技术趣味游戏训练法　　　　　　　　187
　　第一节　熟悉球性的游戏练习　　　　　　　　　　188
　　第二节　提高协调能力与速度能力的游戏练习　　　190
　　第三节　垫球类游戏练习　　　　　　　　　　　　195
　　第四节　传球类游戏练习　　　　　　　　　　　　200
　　第五节　发球类游戏练习　　　　　　　　　　　　205
　　第六节　扣球类游戏练习　　　　　　　　　　　　210
　　第七节　拦网类游戏练习　　　　　　　　　　　　214

参考文献　　　　　　　　　　　　　　　　　　　　　219

# 第一章
# 高校排球教学理论

高校排球教学是体育教学中的重要组成部分，排球教学的开展必须打好理论基础。本章将重点分析高校排球教学特点与规律、高校排球教学原则与方法、高校排球教学模式与评价，以及高校排球教学文件的制定。

# 第一节　高校排球教学特点与规律

## 一、高校排球教学的特点

高校排球教学与足球、乒乓球、羽毛球教学有着一定的相似之处，但是排球教学又有其独有的特点。总体而言，具有理论与实践相结合、注重技能培养、强调团队协作、因材施教以及结合现代教学手段等特点。这些特点有助于提高学生的排球运动水平，培养他们的团队协作精神和竞技意识，同时也为他们未来的生活和工作打下良好的健康基础。

### （一）理论与实践相结合

高校排球教学理论与实践相结合的特点体现在多个方面。这一教学特点强调学生在掌握排球技能的同时，也要深入理解排球运动的理论知识。在教学过程中，教师不仅会进行技术动作的示范和指导，还会详细讲解排球规则、技术原理、战术运用以及裁判法等理论知识。这样，学生不仅能在实践中熟练掌握技能，还能在理论上对排球运动有深入的认识。理论与实践的结合还体现在课程设计上。高校排球课程通常包括理论课程和实践课程两部分。理论课程通过讲解、讨论和案例分析等方式，使学生掌握排球运动的基本知识和原理。实践课程则通过技术训练、战术演练和比赛实践等方式，使学生将理论知识应用于实际运动中，从而提高技术水平和竞技能力。现代教学手段也为理论与实践的结合提供了有力支持。例如，多媒体教学可以展示排球比赛的录像和图片，让学生更直观地了解技术动作和战术运用；网络课程则可以提供丰富的学习资源，方便学生随时随地进行自主学习。

总之，高校排球教学理论与实践相结合的特点，旨在通过系统的学习和训练，使学生全面掌握排球运动的知识和技能，提高运动水平，培养团队协作精神和竞技意识。

## （二）注重技能培养

1.使学生掌握排球运动基本技能

传球、垫球、扣球、发球等关键排球技术需要学生反复练习，直到熟练掌握。在教学过程中，教师会针对学生的技术短板进行具体指导，帮助他们改进动作，提高技术水平。

2.培养学生的战术意识

战术是排球比赛中不可或缺的一部分，正确的战术运用能够极大地提升球队的竞争力。因此，教师会向学生传授各种战术知识与技能，包括如何根据对手的特点调整自己的战术，如何在关键时刻运用特定的战术等。

3.发展学生的比赛技能

比赛是检验学生技能水平的重要手段，因此，在教学中教师会组织各种形式的比赛，从而让学生在实战中锻炼自己的技能。在比赛过程中，学生不仅能够检验自己的技能水平，还能够学会调整心态，应对比赛压力。

4.注重技能培养的连续性

排球技能的提升是一个长期的过程，需要学生持续不断地进行练习。因此，教师在教学过程中会制订长期的训练计划，确保学生能够逐步提高自己的技能水平，培养他们的战术意识和比赛技能，为他们在未来的排球比赛中取得优异成绩打下坚实的基础。

## （三）强调团队协作

### 1.凸显团队协作的重要性

排球运动是一项典型的集体项目，它要求队员之间必须有高度的默契和配合。因此，在教学过程中，教师不仅关注个体技能的提升，更注重通过各种形式的团队活动和练习，如小组传球、多人配合防守等，来强化学生的团队协作能力。

### 2.强调队员之间的沟通与交流

在排球比赛中，队员之间的信息传递和沟通至关重要。因此，在教学过程中，教师会鼓励学生多进行语言和非语言的沟通，如通过口令、手势等方式来协调彼此的行动，培养团队成员的默契，从而提高团队的协同作战能力。

### 3.培养学生的团队精神和集体荣誉感

通过组织各种形式的团队比赛和团建活动，让学生在共同奋斗的过程中感受到团队的温暖和力量，从而增强他们的团队归属感和集体荣誉感。这不仅有助于学生在排球比赛中取得更好的成绩，也对他们未来的生活和工作具有积极影响。

### 4.强调团队协作与个人能力的平衡发展

虽然团队协作是排球运动的核心，但个人的技能也是不可或缺的。因此，在教学过程中，教师在强调团队协作的同时，也注重培养学生的个人技能和领导能力，使他们能够在团队中发挥更大的作用。

## （四）因材施教，个性化教学

### 1.充分尊重学生的个体差异

不同学生之间的身体条件、技能水平、兴趣爱好以及学习能力都存在明显的差异。因此，在教学过程中，教师会根据每个学生的实际情况，制订个性化的教学计划和方案，以满足不同学生的需求。

2.加强因材施教

在高校排球教学中，教师会针对学生的技能水平和身体条件进行有针对性的指导和训练。例如，对于技能水平较高的学生，教师可以加强战术意识的培养，提高他们在比赛中的应变能力；而对于技能水平较低的学生，教师可以重点进行基础技能的训练，帮助他们逐步掌握排球运动的基本技巧。

3.教学方法灵活多样

教师会根据学生的特点，采用不同的教学方法和手段，如讲解、示范、分组练习、比赛实践等，以激发学生的学习兴趣和积极性。同时，教师还会关注学生的学习进度和反馈，及时调整教学策略，确保教学效果的最大化。

4.培养学生的自主学习和创新能力

教师会鼓励学生根据自己的实际情况，制订适合自己的学习计划，并进行自我评估和反思。同时，教师还会提供丰富的学习资源和平台，支持学生进行自主学习和探究，培养他们的创新意识和实践能力。

## （五）结合现代教学手段

高校排球教学结合现代教学手段，不仅可以丰富教学内容和形式，提高教学效率和质量，还能培养学生的自主学习能力和创新思维，提升他们的实践能力和竞技水平。

1.采用现代教学手段丰富教学内容和形式

通过多媒体教学、网络资源等现代科技手段，教师可以为学生展示丰富的排球比赛视频、技术动作图解等内容，使得教学更加直观、生动。这不仅有助于激发学生的学习兴趣，还能帮助他们更好地理解和掌握排球运动的技术和战术。

2.提高教学效率和质量

结合现代教学手段能很好地提升教学效率和教学质量。比如，教师可以通过视频分析软件，对学生的技术动作进行精确分析和评估，从而为他们提供更有针对性的指导。同时，利用网络平台，学生可以随时随地进行自主学习和练习，与教师进行实时互动和交流，这大幅提升了学习的便捷性和效率。

3.培养学生的自主学习能力和创新思维

通过网络课程、在线学习平台等现代教学资源，学生可以自主选择学习内容和学习进度，进行个性化的学习规划。同时，现代教学思想也鼓励学生利用现代科技手段进行创新和探索，如在排球教学中引入虚拟现实、智能穿戴等新技术，提升学生的学习效果。

4.注重实践性和应用性

通过模拟比赛、实战演练等方式，学生可以将所学知识和技能应用于实际场景中，提高自己的实战能力和竞技水平。

## 二、高校排球教学的规律

### （一）循序渐进规律

排球运动包含多个技术动作和战术配合，学生需要逐步掌握这些基本技能和战术。因此，在教学过程中，教师应根据学生的实际情况，从基础技能开始，逐步引导学生掌握更高级的技术和战术，确保学生能够在稳扎稳打的基础上逐步提高。

### （二）平衡发展规律

排球是一项集体运动，团队协作至关重要。然而，每个队员的个人能力也是影响团队表现的关键因素。因此，在教学过程中，教师既要注重培养学生的团队协作能力，让他们学会与队友配合、沟通，又要关注每个学生的个人能力发展，帮助他们提高技术水平、增强战术意识等。

# 第二节 高校排球教学原则与方法

## 一、高校排球运动教学原则

### （一）教育性原则

在当今时代，素质教育已成为体育教育教学的主流，排球运动教学自然也应顺应此潮流。在高校排球教学中，体育教师应秉持科学化的教育理念和思想，致力于通过排球运动教学，培养符合现代化社会需求的高素质人才，既包括社会型人才，也包括竞技型人才。贯彻教育性教学原则需要做到以下几点：

（1）坚定树立"以人为本""健康第一""终身体育"的教育理念，并将这些教育理念作为指导排球教学的核心思想。

（2）教学活动的设计须与课程目标紧密相连，确保每一项内容都服务于整体教学目标。

（3）在教学过程中，应全方位关注学生身体、心理和社会适应的健康发展，实现全面育人的目标。

### （二）主体性原则

学生是教学的中心，排球教学应以学生为中心，充分考虑学生的需求和特点。在高校排球教学实践中，遵循主体性原则应做到以下几点：

（1）尊重学生的主体地位。教师应转变观念，确立以学生为主体的排球教学观，并在实践中贯彻这一理念。从教学内容的选择、教学方法的运用、教学手段的创新到教学模式和教学组织形式的确定，都应围绕学生的需求进行科学合理的设计。

（2）发挥教师的引导作用。教师作为教学的实施者，应认清自己在排球教学中的主导角色，积极引导学生，帮助他们少走弯路，提高学习效率。

（3）帮助学生明确学习目标。在排球教学中，教师应使学生清楚了解学习目的，鼓励他们朝着目标努力，刻苦训练，踏实学习。

（4）构建和谐的师生关系。和谐的师生关系是教学成功的关键。教师应尊重学生、关爱学生，与学生建立平等的关系，营造和谐的排球学习氛围，因材施教，使每个学生都能在排球学习中取得进步。

（三）激发兴趣原则

在排球运动教学中，学生的兴趣是推动他们积极学习、主动配合教师完成教学任务的关键因素。缺乏兴趣，学生很难全身心投入排球运动，更难以配合教师完成教学任务。因此，教师在排球教学中应注重兴趣的激发和引导，让学生真正感受到排球运动的魅力，从而积极投入排球的学练活动。

在高校排球运动教学实践中，激发兴趣原则的具体要求如下：

（1）着重培养学生的排球运动态度和体育价值观，让他们从内心深处认识到排球运动的价值和意义。

（2）深入了解学生的需求，关心他们的感受，尊重学生的选择，尽量满足他们在学习排球过程中的合理需要，让他们在学习排球的过程中感到被尊重和被关心。

（3）不断创新教学方法，运用多样化的教学手段，激发学生的好奇心和求知欲，使他们对排球运动保持持久的兴趣。

（4）培养学生的独立思考能力、创造力和自我调控能力，让他们在排球学习中不断成长和进步。

（5）教师自身也应充满热情，以自身的积极态度和良好表现为学生树立榜样，潜移默化地影响学生，使他们更加热爱排球运动。

（四）全面发展原则

排球运动教学的核心目标是促进学生身心健康和全面发展。在排球教学中，教师不仅要关注学生的身体健康，还要注重提高他们的智力水平、心理素质和审美能力。

贯彻全面发展原则，应做到以下几点：

（1）教师应深入研读排球教学大纲或课程标准，全面理解和把握其精神实质。同时，要特别关注学生的心理发展，努力实现身心发展的和谐统一。

（2）在排球教学的各个阶段，从准备、实施到复习、评价等，我们都应精心设计教学任务，选择适合的教学内容，并灵活运用各种教学手段和方法，以增强学生的体质，并促进其全面发展。

（3）在教学过程中，要注重培养学生的综合素质，包括团队协作能力、沟通能力、领导能力等，使他们在排球学习中得到全方位的锻炼和提升。

（五）直观教学原则

排球教学由于其技术动作的多样性和复杂性，要求教师在教学过程中注重直观性。直观性原则强调通过清晰、直接的示范，将排球技术动作的原始形态展现给学生，便于他们观察、模仿和学习。

在高校排球运动教学实践中，贯彻直观性原则需注意以下几点：

（1）确立明确的教学目标，根据排球教学的目标，选择恰当的教学内容、方法和手段，确保直观教学的有效性。

（2）结合学生的实际情况，针对不同水平的学生，灵活采用动作示范、技术图片展示、正确技术动作影片播放等多种直观教学方式，加深学生对排球技术动作的理解和认知。

（3）充分利用学生的视觉、听觉和动觉，通过直观教学帮助学生建立正确的排球技术动作定型，提高学习效果。

（4）在运用直观教具的同时，配合准确的语言讲解，引导学生深入思考，使他们能够举一反三，提高学习效率。

## （六）科学负荷原则

排球教学中，身体练习是重要环节，而科学安排运动负荷则是保障良好教学效果的关键。运动负荷的确定应严谨、科学，遵循机体运动的规律。

在排球教学中，确定运动负荷的依据和要求如下：

（1）深入理解运动负荷的影响因素，包括运动量和运动强度。运动量涉及数量、次数、时间、距离、重量等，而运动强度则涵盖动作速度、练习密度、间隔时间等。科学安排运动负荷，需对这些因素进行合理调配。

（2）运动负荷的安排应从小到大，逐步增加，确保不超过学生机体的最大负荷限度，避免过度训练带来的伤害。

（3）运动负荷并非越大越好，应根据排球教学目标和学生的身体状况来合理确定。过大的运动负荷可能导致学生过度疲劳，影响学习效果和身体健康。

## （七）终身体育原则

排球教学不仅在于传授技能，更在于培养学生终身参与体育运动的意识和习惯。终身体育原则是排球教学的重要原则之一，旨在通过排球教学使学生认识到运动健身的重要性，并乐于参与其中。

在高校排球运动教学中，贯彻和落实终身体育原则的要求如下：

（1）教师应着重培养学生的终身体育意识，通过培养学生的排球兴趣和特长，正确引导他们重新认识自我，深化对排球运动的热爱和坚持。

（2）重视对学生基本身体素质、运动能力的培养，为他们未来长期参与排球运动奠定坚实的身体和技能基础。

（3）在教学过程中，既要关注短期教学目标的达成，也要考虑教学的长期效益，并且以促进学生的长期、健康、全面发展为最终目标。

## （八）因材施教原则

排球教学中，每个学生都是独一无二的个体，具有不同的特点和需求。为了促进全体学生的全面发展，教师必须因材施教，针对每个学生的特点制订相应的教学方案。

在高校排球教学过程中，教师作为教学的主体，面对的是一群具有不同背景和能力的学生。虽然教师会对全体学生提出统一的教学要求，但更要关注每个学生的个体差异，确保在遵循统一教学标准的同时，实施差异化教学。

为了有效贯彻因材施教原则，需要注意以下几点：

（1）深入了解学生。教师应对学生进行全面、细致的观察和了解，掌握他们的兴趣、爱好、身体素质等基本情况。只有了解了学生的差异，才能在教学中有针对性地对待不同学生，实现因材施教。

（2）进行有针对性的教学设计。在制定排球教学目标时，教师需要综合考虑教材、学生特点、组织教法以及教学条件等因素。通过精心设计教学内容和方法，确保教学能够满足学生的实际需求，激发他们的学习兴趣和积极性。

（3）满足不同学生的学习需求。在制订排球教学计划、确定教学目标和要求时，教师应以大多数学生的实际能力为基础，同时兼顾不同层次学生的学习需求。对于基础较差的学生，应给予更多的指导和帮助，让他们逐步建立信心，取得进步；对于基础较好的学生，应提出更高层次的学习挑战，促进他们进一步提高。

（4）合理安排不同学生的运动负荷。根据学生的身体状况和技术水平，合理安排运动负荷，确保每个学生都能在安全、有效的前提下进行排球学习和练习。

## （九）安全教学原则

安全是排球教学的首要问题，也是开展教学活动的重要基础。排球运动以身体练习为主，具有多种不同负荷和技术难度的练习，因此，教师必须高度重视学生的运动安全，确保教学活动顺利进行。

在高校排球运动教学中，贯彻安全教学原则至关重要，具体要注意以下几点：

（1）在教学开始前，教师应全面考虑可能存在的安全隐患，并制定相应的预案。这包括检查场地设施是否安全、器材是否完好、学生是否穿着合适的运动服装等。通过周密的考虑和准备，为教学活动的顺利开展提供保障。

（2）对学生进行安全意识教育。在教学过程中，教师应不断强调安全的重要性，提醒学生注意自我保护，避免发生意外伤害。同时，还应教授学生正确的运动技巧，帮助他们掌握正确的自我保护方法。

（3）教师在教学过程中应密切关注学生的运动情况，实施必要的保护措施。对于技术难度较高的动作，教师应亲自示范并指导学生进行练习，确保学生在掌握正确技术的同时，也能够保证自身安全。

（4）做好突发情况的应急处理预案。一旦发生运动安全问题，教师应及时、冷静地处理，避免事态扩大。同时，课后应及时、全面地总结教学经验，分析存在的问题和不足，为下次课提供经验借鉴，进一步杜绝安全隐患。

通过贯彻安全教学原则，可以确保高校排球运动教学的顺利进行，为学生提供一个安全、健康的学习环境。

## 二、高校排球运动教学方法

教学方法是教师在教学过程中，为实现既定的教学目标所运用的多样化手段、途径和措施。在高校排球运动教学中，教师要灵活地运用各种教学方法，以促进学生排球技能的提升。

### （一）语言教学法

语言教学法作为一种以语言为媒介的教学方法，在高校排球教学中扮演着重要角色。它主要包括以下几种形式。

1.讲解法

讲解教学法主要是通过教师的语言阐述，向学生传授排球运动的基本理论、技术要点和战术规律。在排球教学实践中，教师运用讲解法来详细解释技术动作的方法和要领，战术配合的要求和注意事项等。在运用讲解法时，教师需要注意以下几点：

（1）目的明确：讲解的内容应有明确的指向性，避免学生因信息杂乱而难以抓住重点，确保学生能够清晰地理解教师的意图，从而提高学习效率。

（2）内容准确：教师的讲解必须基于事实、教学原理和科学技术原理，确保所传授的知识准确无误，避免误导学生。

（3）生动形象：在讲解过程中，教师应注重对技术动作进行形象化的描述，帮助学生在脑海中构建正确的动作画面，加深对技术动作的理解和记忆。

（4）关联前后知识：教师在讲解时，应注意将新知识与旧知识相联系，帮助学生构建完整的知识体系，便于学生更好地理解和运用所学技能。

（5）启发思维：教师应善于运用对比、类比、提问等方式，激发学生的思维，促进学生全面发展。

2.口头评价法

口头评价法主要用于排球实践课的教学过程中，是对学生动作完成情况的及时反馈。在评价时，教师应以积极评价为主，多给予学生表扬和鼓励，以增强学生的学习信心和动力。同时，对于学生存在的不足之处，教师应明确指出并提供具体的改进建议，帮助学生更好地纠正错误、提高技能。

3.口令、指示法

在排球教学中，教师还可以利用简洁明了的口令和指示，如"上步准备""转体击球""大力扣杀"等，来提醒学生注意动作要领和技战术要求。这种方法有助于学生在实践中迅速反应、准确执行动作，提高教学效果。

## （二）直观教学法

直观教学法是一种将教学内容直接、生动地展示给学生的教学方法，它主要包括以下几种具体形式。

1. 示范法

示范法是教师以自身的动作作为范例，指导学生学习排球技术动作的方法。在排球教学中运用示范法时，需要注意以下几点：

（1）示范目的要明确，突出排球技术的重点和难点，着重展示关键动作，以便学生加深印象和理解。

（2）示范动作必须准确、规范，严格按照技术要求执行，确保学生形成正确的动作概念和表象。

（3）示范过程要便于学生观察，避免做无意义的示范，确保学生能够从示范中有效学习。

（4）示范与讲解相结合，通过讲解排球技术的规律、特点等，激发学生的思维，帮助他们更深入地理解排球技术的结构和特点。

2. 直观教具与模型演示法

在排球教学中，教师可以借助图表、照片、模型等直观教具进行辅助教学，帮助学生更直观地理解技术结构和动作形态，提高学习效果。

3. 助力与阻力教学法

助力与阻力教学方法是通过借助外力，让学生在实际操作中感受正确的用力时机、大小、方向以及动作的时空特征等。通过这种方式，学生可以更直观地掌握排球技术的动作要领，提高技术水平。

4. 多媒体技术法

多媒体技术包括电影、幻灯、录像等多种形式。在排球教学中，利用多媒体技术可以使教学内容更加生动、形象、具体，提高学生的学习兴趣和积极性。随着现代体育教学技术的不断发展和教学改革的深入，越来越多的体育教师开始借助多媒体技术进行教学，排球运动教学也不例外。通过多媒体技术，教师可以更灵活地展示排球技术的各个环节和动作细节，提高教学效率和效果。

### （三）完整与分解教学法

1.完整教学法

完整教学法，即在排球技术教学中，从起始动作到最终完成，全程连贯地进行教学和训练。此方法主要适用于难度适中、不易分解的排球技术动作教学，以及在首次示范新技术动作时。

在高校排球教学中应用完整教学法时，需要注意以下几点：

（1）在讲解技术要领后，直接进行整体动作的示范，使学生能够连贯地模仿整个技术动作，形成流畅的动作链条。

（2）针对技术动作中的重点和难点，教师应进行明确的讲解和示范，帮助学生准确把握动作要领，避免在练习过程中出现偏差。

（3）在初始阶段，可以适当降低动作的难度，以便学生能够轻松地进行完整练习。随着学生动作的逐渐熟练和定型，再逐步增加难度，直至学生能够按照标准要求完成整个技术动作。

2.分解教学法

分解教学法，指的是在排球技战术教学中，将复杂的动作和战术配合分解为若干个环节，分别进行详细的讲解和示范。这种方法通常适用于复杂且难度较高的排球技术动作教学和战术配合教学。

在高校排球教学中应用分解教学法时，需要遵循以下要求：

（1）在分解动作时，要确保技术环节之间的逻辑关系不被割裂，注意各环节之间的衔接和连贯性，以保证排球技术动作的相对完整性。

（2）根据教学内容、学生的特点以及教学进度，合理选择分解的程度和方式，并与完整教学法相结合，使学生既能够深入理解每个技术环节的细节，又能够把握整个技术动作的连贯性和完整性。

## （四）预防与纠错教学法

预防与纠错相结合的教学法，是一种在排球运动教学中常用的教学策略，旨在预防学生在学习过程中可能出现的错误，并及时纠正已经发生的错误。这种方法强调教师在课前对学生可能遇到的难点和易错点进行预判，制定针对性的预防措施，并在教学过程中及时发现学生的错误，给予正确的指导。

在高校排球运动教学中应用预防与纠错相结合的教学法时，教师需要遵循以下要求：

（1）深入了解学生的特点和学习情况，预测他们在排球学习中可能遇到的困难和易犯的错误，以便有针对性地制订教学计划。

（2）针对可能出现的错误动作或技术环节，提前制订预防方案，通过合理的教学设计和安排，尽量避免学生犯错。

（3）为了有效防止学生犯错，教师可以采用多种干预手段，如强化动作要领的讲解、降低练习难度、使用信号提示或借助外力辅助等，在犯错前进行预防，在犯错时及时纠正，在犯错后指导学生进行反思与改进。

（4）预防与纠错应相辅相成，不可偏废。教师在教学过程中既要重视预防工作的开展，又要及时发现并纠正学生的错误，确保学生在正确的指导下进行学习和训练。

通过预防与纠错相结合的教学法，教师可以更加有效地指导学生学习排球技术，减少错误的发生，提高教学效果。同时，也有助于培养学生的自主学习能力和纠错能力，为他们的全面发展打下坚实基础。

## （五）游戏与竞赛教学法

### 1.游戏教学法

游戏教学法是一种利用游戏形式组织教学，以完成教学任务的教学方法。这种方法不仅适用于排球初学者，对于排球运动员的技能提升也同样有效。

在高校排球教学中应用游戏教学法时，应注意以下要点：

（1）游戏的选择应紧密结合排球教学的核心目标，确保游戏规则和要求既合理又符合教学需求。

（2）引导学生遵守游戏规则，同时鼓励他们发挥创造力。

（3）教师应客观公正地评价学生在游戏中的表现，确保评价公开、公平和公正。

（4）在游戏过程中，要始终关注教学安全，确保学生在轻松愉快的氛围中安全地进行学习。

2.竞赛教学法

竞赛教学法是通过模拟比赛环境，组织学生进行排球技能练习的教学方法。这种方法有助于激发学生的潜能，培养他们不畏艰难、积极进取的精神。

在高校排球教学中运用竞赛教学法时，需注意以下事项：

（1）明确区分教学中的竞赛与正式排球竞赛的不同之处，确保教学竞赛的针对性和有效性。

（2）教师应明确竞赛的目的，合理安排比赛强度，避免过度竞争给学生带来压力。

（3）在分组时，要确保各组之间的实力相对均衡，避免实力差距过大影响竞赛的公平性。

（4）科学评价学生在竞赛中的表现，指出他们的优点和不足，并提出改进的方向和方法。

（5）在竞赛过程中，同样要关注教学安全，确保学生在紧张刺激的比赛中能够保持安全和健康。

# 第三节　高校排球教学模式与评价

## 一、高校排球教学模式

高校排球教学模式是一个多元化且具有综合性的体系，旨在通过系统的理论学习和实践训练，使学生掌握排球运动的基本技术、战术和规则，培养其排球素养和竞技能力。

### （一）传统排球教学模式

传统的排球教学模式强调教师的主导地位，学生需要严格服从体育教师的命令。教学内容主要包括基本技术、战术和规则，教学步骤相对固定，包括热身、正式教学和课余休息三个阶段。但这种模式忽视了学生的个体差异和兴趣培养，导致教学效果不尽如人意。

### （二）现代排球教学模式

随着教育理念的更新和教学方法的改进，现代排球教学模式开始注重学生的主体性和兴趣培养，其特点主要体现在以下几个方面。

1.注重兴趣激发

通过设计富有创意和趣味性的教学活动，如游戏化教学、比赛实践等，激发学生的学习兴趣和积极性。

2.强调个体差异

针对不同学生的技术水平和身体条件，实施分层教学或个性化教学，以满足不同学生的需求。

3.注重实践能力培养

通过模拟比赛、实战演练等方式，提高学生的实战能力和团队协作能力。

4.融入多元评价体系

排球教学评价不仅关注学生的技能掌握情况，还注重对学生道德品质、创新能力和学习态度等方面的评价。

（三）创新排球教学模式

为了进一步提高高校排球教学的效果，还需要不断探索和创新教学模式。例如，可以利用现代科技手段，如虚拟现实、增强现实等技术，为学生创造更加真实、沉浸式的学习情境；同时，可以引入跨学科的教学内容和方法，如将排球运动与心理学、营养学等学科相结合，以提升学生的综合素质。

高校排球教学模式是一个不断发展和完善的过程。通过结合传统与现代的教学理念和方法，注重学生的主体性和兴趣培养，以及不断创新教学模式，可以更好地推动高校排球教学的发展，培养出更多具有高水平排球技能和良好体育素养的学生。

# 二、高校排球教学评价

（一）高校排球教学评价的原则

1.科学性原则

科学性原则要求排球教学评价既包含对学生和教师在专业能力上的评

价，又涉及师生在体育课堂中的具体表现以及在体育比赛方面的表现。对教师的评价，还需要参考班级学生的表现，确保评价因素全面且科学。

2.明确性原则

明确性原则强调评价体系中的评价因素应当是明确的、边界清晰的、不可随意更改的。这样可以避免评价结果的模糊性，增强评价结果的权威性，防止滋生互相包庇袒护的不良现象。

3.客观性原则

客观性原则是教学评价的基本要求，要求标准客观、评价方法客观、评价态度客观，不带随意性和主观性，给学生的学和教师的教以客观的价值判断。

4.发展性原则

发展性原则着眼于学生的学习进步和动态发展，以及教师的教学改进和能力提高，以调动师生的积极性，提高教学质量。

5.整体性原则

整体性原则要求教学评价从教学工作的整体出发，进行多方面的检查与评定，防止以偏概全，以局部代替整体。

6.指导性原则

指导性原则，即教学评价应在指出教师和学生的长处和不足的基础上，提出建设性意见，帮助他们发扬优点，克服缺点，不断进步。

7.独立性和可操作性原则

在构建排球教学评价体系时，还应遵循独立性和可操作性原则。独立性原则要求各项指标之间应互相独立，避免交叉和因果关系；而可操作性原则则要求评价指标易于量化、便于观察和分析，确保评价体系具有实际应用价值。

8.定性评价和定量评价相结合原则

定性评价和定量评价相结合的原则是指，在评价过程中既要运用定性评价的方法对评价对象进行质的描述和分析，又要运用定量评价的方法对评价对象进行量的测定和计算，从而全面、准确地反映评价对象的实际情况。定性评价主要是基于评价者的经验、观察和逻辑推理，对评价对象进行质的描述和判断。它关注评价对象的特性、性质、意义等方面，具有一定的灵活性和深度，能够揭示评价对象的本质和内在联系。然而，定性评价的结果往往具有一定的主观性和模糊性，难以进行精确的量化分析。

定量评价是通过收集和处理数据资料，运用数学方法或统计技术对评价对象进行量的描述和判断。它能够提供客观、准确的数据支持，使评价结果更具说服力和可比性。但是，定量评价可能过于关注表面现象和数量特征，忽略了评价对象的深层含义和复杂性。因此，将定性评价和定量评价相结合，可以弥补各自的不足，提高评价的准确性和全面性。

## （二）高校排球教学评价的基本程序

1.排球教学评价的准备

排球教学评价的准备是一个系统而细致的过程，它涉及多个方面的考虑和准备，以确保评价的公正性、准确性和有效性。

（1）明确评价目标

在正式评价之前，需要明确排球教学评价的具体目标。这些目标应该与课程教学目标相一致，包括技术掌握、战术理解、体能发展、团队合作等多个方面。

（2）制定评价标准

根据评价目标，制定具体、可操作的评价标准。这些标准应该具有明确性、可观察性和可测量性，以便对学生在排球学习中的表现进行客观评价。

（3）选择评价方法

评价方法的选择应根据评价目标和评价标准来进行。可以采用定性评价和定量评价相结合的方法，包括观察记录、技能测试、问卷调查等多种方式。

（4）准备评价工具

根据所选的评价方法，准备相应的评价工具。例如，如果需要进行技能测试，就需要准备测试器材和评分标准；如果需要进行问卷调查，就需要设计问卷并确定调查对象。

（5）培训评价人员

评价人员的专业素质和评价技能对评价结果的准确性具有重要影响。因此，需要对评价人员进行培训，使其熟悉评价标准、掌握评价方法，并能够客观、公正地进行评价。

（6）确定评价时间和地点

根据教学计划和实际情况，确定评价的具体时间和地点。要确保评价时间不会干扰正常的教学活动，同时评价地点也要符合评价要求。

（7）做好沟通工作

在评价前，与学生和教师进行沟通，解释评价的目的、方法和过程，消除他们的疑虑和担忧。同时，也要收集他们的意见和建议，以便进一步完善评价方案。

2. 排球教学评价指标的设计

排球教学评价指标的设计是一个复杂而关键的过程，它涉及对学生排球技能、学习态度、合作能力等多方面的综合评价。以下是一些关于排球教学评价指标设计的建议。

（1）技能掌握指标

技能掌握情况是排球教学评价的核心内容，包括对发球、传球、垫球、扣球、拦网等基本技术的掌握程度和运用能力。可以设定不同的技能等级标准，如初级、中级、高级，并制定相应的评分标准。同时，考虑到技术的运用和实战效果，可以设置模拟比赛或实战演练环节，以评价学生在实际比赛中的技能表现。

（2）身体素质指标

身体素质是排球运动的基础，包括力量、速度、耐力、灵敏度和协调性等。可以通过体能测试来评价学生的身体素质，例如设计跑步、跳跃等测试项目，并根据测试结果给出相应的评分。

（3）学习态度指标

学习态度是评价学生学习效果的重要因素，包括学生学习的积极性、主动性、认真程度等。可以通过观察学生在课堂上的表现、作业完成情况以及课外练习情况等方面进行评价。此外，还可以采用问卷调查或访谈的方式，了解学生对排球课程的兴趣、态度和自信心等方面的情况。

（4）合作能力指标

排球是一项团队运动，合作能力对于比赛成绩至关重要。因此，合作能力也是排球教学评价的重要指标之一。可以通过观察学生在团队练习和比赛中的表现，评价他们的沟通能力、协调能力、配合默契度等方面的情况。同时，可以设置小组任务或团队项目，让学生在合作中完成任务，从而评价他们的合作能力和团队精神。

（5）战术意识指标

排球运动需要具备一定的战术意识，包括对比赛形势的分析、判断和决策能力等。可以通过模拟比赛或实战演练的方式，观察学生在比赛中的战术运用和决策能力，从而评价他们的战术意识。

3.排球教学评价的实施

排球教学评价的实施是一个系统而关键的过程，它涉及多个环节和方面，以确保评价的准确性和有效性。

（1）明确评价目标和标准

在实施评价前，首先要明确评价的目标和标准。评价目标应与排球课程的教学目标相一致，包括技能掌握、身体素质、学习态度、合作能力和战术意识等方面。评价标准应具体、明确，便于操作和评估。

（2）选择适当的评价方法

根据评价目标和标准，选择适当的评价方法。可以采用观察法、测试法、问卷调查法等多种方式进行评价。观察法可以直接观察学生在课堂上的表现和比赛中的实战效果；测试法可以通过技能测试和体能测试来量化评价学生的能力；问卷调查法可以了解学生在学习态度、合作能力和战术意识等方面的情况。

（3）确保评价的客观性和公正性

在评价过程中，要确保评价的客观性和公正性。评价者应具备专业知识和评价技能，能够准确、客观地评估学生的表现。同时，要避免主观偏见和个人情感的影响，确保评价结果的公正性。

（4）反馈评价结果

评价完成后，要及时向学生和教师反馈评价结果。反馈内容应具体、明确，指出学生的优点和不足，并提出改进建议。同时，也要收集学生和教师的意见和建议，以便进一步完善评价方案。

（5）注重评价的持续性和动态性

排球教学评价不应仅局限于一次性的评价活动，而应注重评价的持续性和动态性。在教学过程中，可以定期进行阶段性评价，以便及时了解学生的学习进度和存在的问题。同时，也要关注学生在评价后的进步和发展，及时调整教学策略和评价方法。

### （三）高校排球教学评价的内容

1.技术水平评价

主要评价学生在排球运动中的技术表现，包括对发球、传球、垫球、扣球、拦网等技术的掌握程度和运用能力。通常通过观察、测试和比赛等形式对技术水平进行评估。

2.身体素质评价

评价学生的身体素质，包括速度、力量、耐力、灵敏度和协调性等，可以通过体能测试、运动表现评估等方式进行，以全面了解学生的身体条件及其对排球运动表现的影响。

3.战术意识评价

评价学生对排球战术的理解和运用能力，包括对比赛形势的分析、判断和决策能力等。通过战术分析、模拟比赛等形式进行评估，以检验学生在战术层面的素养。

4.学习态度与参与度评价

评价学生对排球课程的学习态度，如积极性、主动性、认真程度等，以及他们在课堂上的参与度，可以通过课堂观察、学生自评和互评等方式进行。

5.合作与沟通能力评价

排球是一项团队运动，因此评价学生在团队中的合作与沟通能力至关重要，可以通过观察学生在团队练习和比赛中的表现，以及他们在团队中的角色和责任承担情况来评估。

6.教学效果与改进评价

对教师的教学方法和教学效果进行评价，包括教学内容的选择、教学过程的组织、教学方法的运用等方面。同时，收集学生和教师的反馈意见，以便对教学工作进行改进和优化。

# 第四节　高校排球教学文件的制定

## 一、制定排球教学文件的意义

万事万物的发展皆遵循着一定的规律。一旦我们洞悉了这些规律，便能巧妙运用，进而有效推动事物的正向发展。课堂教学亦是如此，它同样蕴含着内在的规律。这些规律并非偶然，而是经过无数次的实践探索、经验积累、教训吸取，不断提炼精华、摒弃糟粕后得出的宝贵总结。这是一个从实践到认识，再从认识到实践的循环往复的过程。

排球教学不仅是一门有规律可循的课程，更是一门需要遵循规范的艺术。各类排球教学文件的制定，要以对其内在规律的深刻理解和把握为基础，以确保教学目标的实现和人才培养质量的提升。这些教学文件之间相互关联、相互制约，共同构成了一个严谨而完整的教学体系。

排球教学文件，是排球课程实施的基石和指导纲领。它们必须紧密相连，环环相扣，形成一个完整的闭环。教学文件的质量，直接关系到教学效果的好坏，因此，必须对其给予足够的重视和关注。只有如此，才能确保排球教学的顺利进行，实现教学质量的持续提升。

## 二、排球教学文件的种类

### （一）排球教学计划

制订排球教学计划是确保排球教学活动有序、高效进行的关键步骤。制订一份全面、系统的排球教学计划，可以为排球教学活动提供有力的指导和支持。这将有助于教师更好地组织教学，帮助学生更好地学习和掌握排球运动的知识和技能。

制订排球教学计划包含以下环节。

1.明确教学目标

在教学之初，教师需要明确排球教学目标。这些目标应该围绕排球运动的基本知识、技能、战术以及学生体育素养的提升等方面来设定。例如，教师可以设定以下目标：让学生掌握排球运动的基本规则和裁判法；使学生掌握排球运动的基本技术和战术；提高学生的身体素质；培养学生的团队合作精神和竞争意识。

2.确定教学内容

教师需要根据教学目标确定排球教学内容。这包括理论知识、技术训练、战术训练以及身体素质练习等多个方面。具体内容包括：排球运动的理论知识，如规则、裁判法、比赛策略等；基本技术训练，如传球、发球、扣球、拦网等；战术训练，包括进攻和防守战术的讲解与实践；身体素质练习，如耐力训练、爆发力训练、协调性训练等。

3.安排教学进度和进行学时分配

在确定了教学内容后，教师需要根据教学目标和要求，合理安排教学进度和学时。这可以确保学生在规定的时间内全面、系统地学习排球知识和技能。教师可以根据每项内容的难易程度和主次区别，合理分配学时，确保学生有足够的时间进行学习和实践。

4.设计教学方法和评价方式

教学方法和评价方式是排球教学计划中不可或缺的部分。教师需要根据教学内容和学生特点，设计合适的教学方法，如讲解、示范、游戏、比赛等方法，以提高教学效果。同时，教师还需要制定科学的评价方式，如技能评定、理论考试等，以全面评价学生的学习效果。

最后，教师将上述内容整理成一份完整的排球教学计划文本。这份文本应该清晰、简洁地列出教学目标、教学内容、教学进度、学时分配、教学方法和评价方式等关键信息，以便教师和学生能够清晰地了解教学计划的要求和内容。

## （二）排球教学大纲

排球教学大纲是排球教学活动开展的重要文本依据，是指导教师安排教学活动的最重要的支持。因此，务必要认真、严谨地制定大纲。一般地，教学大纲包括以下几项内容。

1.课程概述

排球课程是体育教育专业的一门重要课程，旨在通过系统的理论学习和实践训练，使学生掌握排球运动的基本技术、战术和规则，培养学生的体育素养和竞技能力。

2.教学目标

教学目标包括学年教学目标、学期教学目标、月教学目标、周教学目标以及课教学目标。教师应根据教学目标和学校的具体情况，以及学生的学习和运动需要，制定教学文件。

另外，还应对常规的排球比赛、排球游戏活动等内容做好计划，以使学生掌握排球运动的基本技术和战术，提高运动水平；提高学生的身体素质和心理素质，提高竞技能力；培养学生的团队合作精神和竞争意识，促进全面发展；等等。

3.教学内容

（1）排球运动概述

介绍排球运动的起源、发展、特点以及比赛规则等。

（2）基本技术训练

包括传球、发球、扣球、拦网等基本技术的讲解、示范和实践训练。

（3）战术训练

教授排球比赛中的进攻和防守战术，以及团队配合和协作的方法。

（4）身体素质训练

通过力量、速度、耐力等训练，提高学生的身体素质。

（5）比赛实践

组织学生进行模拟比赛和实战演练，提高学生的竞技能力。

4.教学方法

采用讲解、示范、实践相结合的教学方法，注重理论与实践的结合。充分利用多媒体教学手段，提高教学效果。组织学生进行小组讨论和合作学习，促进交流和互动。

5.教学评估

通过技能考核、理论考试等方式，对学生的排球技能掌握情况进行评估。观察学生在实践训练和比赛中的表现，评价其竞技能力和团队合作精神。结合学生的课堂表现、作业完成情况等，进行综合评价。

6.学时分配

根据教学内容和计划的要求，合理安排学时分配，确保学生能够在规定的时间内完成学习任务。

7.教材与参考书目

选择合适的教材和参考书目，为学生提供必要的学习资料，帮助学生更好地理解和掌握排球运动的知识和技能。

本大纲是排球课程教学的指导性文件，教师和学生应认真执行。通过本课程的教学，使学生全面掌握排球运动的知识和技能。

（三）排球教学进度

1.引言

本教学进度旨在明确排球教学的各个阶段及其时间安排，确保教学目标的顺利实现。通过科学、合理的教学进度安排，帮助学生逐步掌握排球运动的基本技术、战术和理论知识，提高竞技水平，培养团队合作精神。

2.教学阶段及时间安排

第一阶段：基础理论学习（第1—2周）

排球运动概述（1周）

介绍排球运动的起源、发展、特点以及比赛规则等。

教学目标：使学生了解排球运动的基本知识，为后续学习打下基础。

基本术语与规则解析（1周）

讲解排球运动的基本术语和比赛规则。

教学目标：使学生能够准确理解并运用排球运动的基本术语和规则。

第二阶段：基本技术训练（第3—6周）

传球技术训练（1周）

讲解传球的基本要领和技巧。

组织学生进行传球练习，逐步掌握传球技术。

发球技术训练（1周）

教授发球的基本方法和技巧。

组织学生进行发球练习，提高发球质量。

扣球技术训练（1周）

讲解扣球的基本要领和技巧。

组织学生进行扣球练习，增强扣球能力。

拦网技术训练（1周）

教授拦网的基本方法和技巧。

组织学生进行拦网练习，提高防守能力。

第三阶段：战术训练与比赛实践（第7—12周）

进攻战术训练（2周）

讲解进攻战术的基本理念和配合方法。

组织学生进行进攻战术练习，提高进攻效率。

防守战术训练（2周）

教授防守战术的基本方法和技巧。

组织学生进行防守战术练习，增强防守能力。

模拟比赛与实战演练（1周）

组织学生进行模拟比赛，检验其对所学技术和战术的应用能力。

根据比赛情况，进行针对性指导，帮助学生改进技术和战术。

校内/外比赛时间（1周）

参加校内或校外的排球比赛，提高学生的竞技水平，丰富比赛经验。

总结比赛经验，分析存在的问题，提出改进措施。

第四阶段：总结与提高（第13—14周）

教学成果展示（1周）

组织学生进行排球技能展示，展示学习成果。

邀请校内外专家进行点评和指导，提出改进建议。

总结与提高（1周）

对整个学期的教学进行总结，分析教学过程中的优缺点。

根据总结结果，提出改进措施，为下一学期的教学做好准备。

3.注意事项

在教学过程中,注重因材施教,根据学生的实际情况进行个性化指导。

合理安排教学进度,确保学生在规定时间内完成学习任务。

加强与学生的沟通与交流,及时了解学生的学习情况和反馈意见。

注重培养学生的团队合作精神和竞争意识,促进其全面发展。

## (四)排球课的教案(以传球为例)

1.教学目标

根据教学计划和教学大纲,进一步细化教学目标。

2.教学内容

本次课主要教学内容为排球传球技术的学习和练习。

3.教学重难点

重点:掌握正确的传球姿势和手形,以及传球时的用力方式和方向。

难点:传球时的准确性、稳定性和连贯性。

4.教学准备

排球若干个。

平坦的场地。

音响设备,用于播放背景音乐和指令。

5.教学过程

(1)准备活动(5分钟)

集合整队,点名报数。

进行热身运动,包括慢跑、拉伸等。

(2)基本技术讲解与示范(10分钟)

教师讲解传球技术的动作要领和注意事项。

教师进行传球技术的示范,展示正确的手形和用力方式。

（3）学生练习（20分钟）

将学生分成若干小组，在教师的指导下进行传球练习。

教师巡回指导，纠正学生的错误动作，强调传球时的准确性和稳定性。

组织小组间的传球比赛，提高学生的练习兴趣。

（4）总结与放松（5分钟）

教师总结本次课的教学内容和学生表现。

引导学生进行放松活动，缓解肌肉疲劳。

6.教学方法与手段

采用讲解、示范、练习相结合的教学方法，使学生直观了解并掌握传球技术。利用背景音乐和指令，营造积极向上的课堂氛围，提高学生练习的积极性。通过小组练习和比赛，培养学生的团队合作精神和比赛意识。

7.教学评价

（1）观察学生在练习中的动作规范性和准确性。

（2）评估学生在比赛中的表现，包括传球质量、团队合作等方面。

（3）结合学生的课堂表现和练习态度，进行综合评价。

8.课后作业

（1）要求学生课后复习传球技术的动作要领，巩固所学内容。

（2）鼓励学生在课余时间自行组织排球练习，提高技术水平。

9.教学反思

课后，教师应对本次课的教学效果进行反思，总结教学经验，改进教学方法和手段，以更好地满足学生的学习需求和提高教学质量。

（五）排球课的考核

排球课考核方案具体如下。

1.考核目的

本次排球课考核旨在全面评价学生对排球基本技术、战术和理论知识的掌握情况，检验学生在教学过程中的学习成果，同时促进学生进一步提高排球技能和竞技水平。

2.考核内容

（1）基本技术考核

包括传球、发球、扣球、拦网等基本技术的准确性和稳定性。

（2）战术应用考核

考查学生在比赛中进攻和防守战术的应用能力，以及团队配合和协作能力。

（3）理论知识考核

通过笔试或口试形式，检验学生对排球运动规则、基本术语和比赛战术的理解程度。

3.考核方式

（1）技能考核

采用现场实际操作的方式进行，教师根据学生的动作规范性、准确性和完成质量进行评分。

（2）战术应用考核

通过模拟比赛或实战演练进行，教师观察学生在比赛中的表现，评估其战术应用能力和团队合作精神。

（3）理论知识考核

根据教学内容和目标，设计合理的试卷或提问，进行笔试或口试。

5.考核要求

（1）学生应按时参加考核，遵守考核纪律和规定。

（2）学生应穿着合适的运动服装和鞋子，确保安全进行技能考核。

（3）在考核过程中，学生应全力以赴，展示自己的排球技能和水平。

6.考核结果处理

（1）教师根据考核标准对学生的各项考核内容进行评分，并汇总得出总分。

（2）教师将考核结果及时反馈给学生，并针对学生的不足之处提出改进建议。

（3）考核结果将作为评价学生学习成果和制订后续教学计划的重要依据。

7.注意事项

教师在考核过程中应公平、公正、客观地评价学生的表现，确保考核结果的准确性和公正性。学生在考核前应充分准备，复习所学内容，确保能够发挥出自己的最佳水平。如遇特殊情况或不可抗力因素导致考核无法进行，教师应及时通知学生并作出相应调整。

通过以上考核方案的实施，教师能够全面、客观地评价学生在排球课上的学习成果，为今后的教学提供有益的参考和改进方向。

# 第二章
# 高校排球教学现状与改革策略

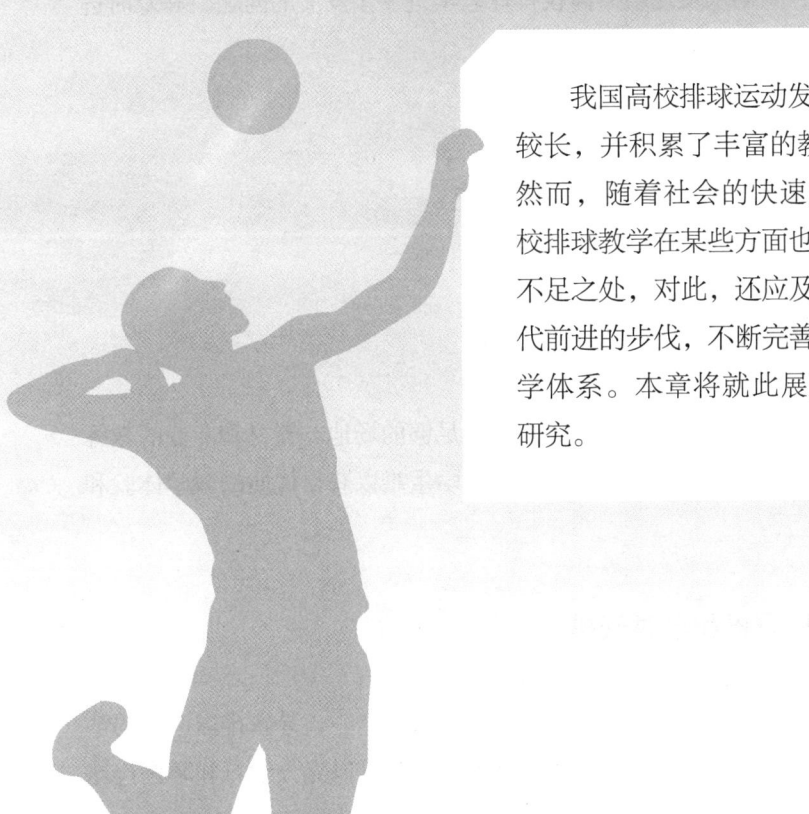

我国高校排球运动发展时间比较长,并积累了丰富的教学经验。然而,随着社会的快速发展,高校排球教学在某些方面也存在一些不足之处,对此,还应及时跟上时代前进的步伐,不断完善和优化教学体系。本章将就此展开分析和研究。

# 第一节　高校排球教学现状分析

我国高校排球教学一直都是体育教育的重要组成部分，通过研究当前的排球教学情况，有助于发现阻碍高校排球教学进一步发展的问题，并及时进行调整，进而采取一些有效的解决方案。

## 一、排球教学缺乏重视和关注

（一）教学资源和投入情况

部分高校对排球教学的投入不足，缺乏足够的场地、器材和专业的教练团队。这导致排球教学质量难以得到保障，学生难以获得优质的教学体验和训练机会。

（二）课程设置和学时安排

一些高校并未将排球课程作为重要的体育课程之一，导致排球课程的学时较少，甚至可能被其他课程所替代。这使得学生难以充分学习和掌握排球技能，也难以感受到排球运动的魅力和价值。

### （三）教师队伍建设

高校排球教学的师资力量相对薄弱。许多高校缺乏具有丰富教学经验和专业技能的排球教练，这导致教学质量和水平难以得到有效提升。同时，由于教练数量不足，学生可能无法得到足够的指导和关注，进一步降低了他们对排球运动的兴趣和参与度。

### （四）文化氛围和宣传推广

高校排球教学的文化氛围相对较弱。由于缺乏足够的宣传和推广，许多学生对排球运动了解不足，对其价值和意义认识不清。这导致排球运动在高校中的普及程度较低，难以吸引更多的学生参与其中。

## 二、排球教学课程设置现状

在大多数高校中，排球课程是体育普修课程之一，具有一定的普及性。然而，在课程设置上，往往存在一些问题。一方面，部分高校排球课程的学时相对较少，难以满足学生对排球技能和知识的全面学习和掌握的需求。这使得学生在学习过程中可能感到匆忙，无法充分吸收和理解教学内容。

### （一）课程内容现状

传统的排球教学主要以技术教学为主，如传球、垫球、发球等。然而，随着教育理念的不断更新和学生体育需求的多样化，高校排球教学也开始逐渐关注到学生的兴趣和综合素质的培养。因此，一些高校在排球课程设置上增加了更多元化的内容，如沙滩排球、气排球等新兴项目，以丰富校园排球的内涵，吸引更多学生的参与。

## （二）教学方法现状

一些高校开始尝试采用分层教学法等新的教学模式，以更好地满足学生的个体差异和需求。分层教学法可以突出学生的主体地位，让每个学生都能在适合自己的难度和进度下进行学习，从而保护他们的学习积极性和自信心。

## 三、教学体系不够完整

### （一）教学目标不清晰

当前很多高校排球教学缺乏明确、具体的教学目标，导致教学内容难以形成紧密的体系，缺乏层次感和连贯性。这使得学生在学习过程中难以准确评估自己的技能水平，同时在学习、训练和比赛中也常常感到无所适从。

### （二）课程设置不够全面

排球运动是一个综合性很强的项目，需要技术、战术、体能、心理等多方面的训练。然而，目前很多高校排球教学过于注重技能训练，而忽视了其他方面的培养，导致学生的综合素质得不到全面提升。

### （三）教学手段和方法相对单一

传统的"教师示范、学生模仿"的教学方式仍然占据主导地位，缺乏创新性和互动性。这不仅影响了学生的学习兴趣和积极性，也不利于培养学生的自主学习能力和创新能力。

## 四、排球运动师资队伍现状

### （一）教师性别现状

目前我国高校排球运动教学中，男性体育教师占绝对多数，而女性教师比例相对较低。大学阶段，女性正处于生理发育的关键时期，部分女大学生在选择排球课程时，可能会因为性别差异在寻求教学指导时感到不便。此外，由于男性教师在排球教学中较少关注到女性学生的特殊生理需求，这在一定程度上影响了排球教学的效果和质量。

### （二）教师年龄现状

在从事高校排球运动教学的体育教师队伍中，青年教师占据了相当大的比例，他们的年龄主要集中在20至40岁。这一年龄段的教师通常充满活力、精力充沛，具备较强的教学能力和专业素养，能够很好地胜任排球教学工作。他们的存在为高校排球运动教学注入了新鲜血液，也为提升教学质量和水平提供了有力保障。

### （三）教师学历现状

当前，我国排球运动教学一线的体育教师普遍具备较高的学历水平。其中，本科学历教师占据主流，同时也不乏拥有研究生学历的高层次人才。这些教师不仅能够胜任排球运动教学的基本任务，还具备较强的专业素养和教学能力。部分教师更是在课余时间积极投身于高校体育和排球科研工作，通过实践和研究不断提升自己的教学水平和专业能力。此外，许多教师还善于利用业余时间自学新知识，不断充实自我，以应对排球运动教学的不断发展和变化。

## （四）教师专业现状

在高校排球教师队伍中，大多数教师在大学学习期间主修排球专业，因此他们拥有丰富的排球运动教学经验和扎实的技能知识，能够胜任排球专业教学工作。同时，也有一些非排球专业出身的教师，在从事排球教学前经过系统地培训和自学，并在教学过程中不断学习和提升，使得他们的排球教学同样具备较强的专业性。这些教师注重将排球运动理论与实践相结合，通过科学的教学方法和手段，帮助学生掌握排球技能，提高运动水平。

# 五、大学生排球课程参与现状

## （一）学生的排球兴趣

经过深入的调查与分析发现，目前高校中大多数学生对排球的兴趣相对欠缺。多数学生选择排球运动课程并非出于对排球本身的热爱，而是希望通过参与排球运动来放松身心，体验不同的运动形式。真正因为对排球运动怀有浓厚兴趣而选择该课程的学生数量较少。

## （二）学生对排球教学的评价

在对选修了排球运动课程的大学生进行问卷调查时，我们了解到许多学生对当前的排球教学表示不满。他们认为排球教学还存在诸多待改进之处，这表明排球教学在内容、方法或形式上可能未能充分满足学生的期望和学习需求。

此外，学生对高校排球运动的教学还有以下两个方面的不满意。
（1）排球的教学模式陈旧，难以激发学习兴趣，教学效果较差。
（2）排球教师的教学水平一般，亟待提高。

## 六、大学生排球课外活动开展现状

高校排球课外活动作为排球教育体系的关键一环，其开展情况对于大学生排球技能的提升和兴趣的培养具有重要意义。以下是对我国高校大学生排球课外活动开展情况的几个主要方面的调查与分析。

### （一）大学生课外体育活动参与状况

高校大学生在课外活动中经常参与的项目按热度从高到低排序一般为篮球、羽毛球、乒乓球、轮滑、健美操。相较于其他运动项目，排球运动的参与人数并不占优势，显示出高校大学生在课外时间参与排球活动的积极性相对较低。

### （二）大学生课外排球活动参与形式

目前，我国高校大学生在课外参与排球运动的主要形式呈现出多样化的特点。其中，排球运动协会（社团）组织的活动成为学生参与排球运动的主要渠道。这些协会或社团通常会组织各类排球活动，如技能培训、友谊赛等，为学生提供了一个交流学习、切磋技艺的平台。

此外，学校举办的排球比赛也是学生参与排球课外活动的重要形式之一。这些比赛不仅能够激发学生的竞技热情，还能够提升他们的团队协作能力和竞技水平。同时，校际排球联谊赛也为不同高校之间的学生提供了相互交流、增进友谊的机会。

在高校课外排球活动的组织过程中，排球协会或社团虽然在一定程度上推动了校园排球运动的发展，但其影响力主要局限于一小部分大学生。目前，学校排球协会或社团在校园内推广和普及排球运动及其文化的功能尚未得到充分发挥。

一部分大学生并未参与任何形式的排球课外活动。这揭示了我国高校大学生在课外参与排球运动的情况并不理想。针对这一问题，学校应当加大力度，组织更多形式多样、内容丰富的排球活动，以吸引并鼓励更多的大学生积极投身于排球运动之中。通过此举，不仅能够提升学生的运动兴趣和技能水平，还能进一步推动校园排球文化的蓬勃发展。

### （三）大学生课外排球锻炼频率

我国大学生每周参与排球课外活动的次数普遍偏少。这种较低的参与频率反映出大学生参与排球课外活动的积极性不高，参与次数有限。这种现状直接导致了大学生在排球技战术方面的巩固与提高面临困难，同时也使得他们难以养成参与排球运动的良好习惯。

鉴于上述情况，有效促进大学生排球运动技能的提高，确实是一项艰巨的任务。我们需要深入剖析影响大学生参与排球课外活动的因素，并探索有效的措施来激发他们的参与热情，提高参与频率，从而推动大学生排球运动技能的整体提升。

### （四）大学生课外排球活动参与动机

我国部分大学生主动参与课外排球活动的意愿并不强烈，这背后往往受到一些客观因素的影响，使得他们更多是"被动"地参与，比如大学生是出于应对考试、参加比赛等外在因素的压力才参与排球活动的。

为了更有效地推动大学生积极参与排球运动，需要深入了解他们的真实需求和动机，并通过针对性的措施来激发他们的兴趣和热情，实现从"被动"到"主动"的转变。

## 第二节　影响高校排球教学发展的因素

要推动高校排球教学的发展，需要综合考虑教学方法、师资力量、教学设施与资源以及社会文化环境等多个方面的因素,并采取相应的措施进行改进和优化。

## 一、社会文化环境

在"功利社会"的影响下,排球运动的文化内涵可能被淡化,导致排球比赛变得单调乏味,难以引发学生的兴趣。此外,对排球教学目的的片面理解,如仅关注培养优秀的排球运动员,而忽视学生的全面发展,也会影响排球教学的质量。

### (一)排球文化的普及程度

排球运动在我国虽然有一定的历史基础,但其文化普及程度相较于篮球、足球等其他球类运动来说,可能还存在一定的差距。如果排球文化未能深入人心,那么大学生对排球的兴趣和参与度就可能受到影响,进而制约高校排球教学的发展。

### (二)传统观念的影响

在一些传统观念中,可能认为排球是适合特定人群(如专业运动员)的运动,而非普通大学生的日常运动选择。这种观念可能导致大学生对排球运动持有一定的偏见或误解,从而影响了排球运动的普及和发展。

### (三)媒体宣传与引导

媒体对排球运动的宣传和引导力度,也直接影响着高校排球教学的发展。如果媒体能够更多地报道排球比赛、介绍排球文化,提高排球运动的社会认知度,那么大学生对排球的兴趣和参与度就可能相应提高。

### （四）体育政策与导向

国家的体育政策以及对排球运动的重视程度，也会对高校排球教学产生影响。如果政策层面能够加大对排球运动的扶持和推广力度，那么高校排球教学就可能获得更多的资源和支持，从而得到更好地发展。

### （五）社会氛围与价值观念

社会氛围和价值观念对于体育运动的选择也有影响。如果社会普遍倡导健康、积极的生活方式，那么大学生就可能更倾向于参与体育运动，包括排球运动。而如果社会氛围较为消极或价值观念偏向于静态生活，那么大学生对排球等体育运动的热情就可能受到抑制。

## 二、教学设施与资源

教学设施与资源是影响高校排球教学发展的重要因素。一些高校排球教学队伍规模偏小，缺乏足够的体育场地及综合性体育馆设备，这会影响较大规模排球比赛和赛事的组织。而另一些高校虽然拥有足够的人力资源、场地设施配套及资金，但由于管理方式等问题，也可能难以取得满意的教学效果。

### （一）场地设施

排球教学需要充足的场地和设施来支持。如果高校缺乏足够的排球场地，或者场地条件较差，那么学生的学习和训练就会受到限制。同时，设施的完善程度也影响着教学的效果，比如球网的高度、场地的平整度等都会影响学生的技术发挥和训练效果。

## （二）器材设备

排球器材的质量和数量也是影响教学质量的关键因素。高质量的器材能让学生更好地感受排球的魅力，提高学习的兴趣和积极性。而数量充足的器材则可以确保每个学生都有机会进行充分的练习，提高教学效果。

## （三）教学资源

教学资源的丰富程度对排球教学的发展也起着至关重要的作用。比如，教师拥有丰富的教学资料和参考书籍，可以更加全面地讲解排球知识，提高教学的深度和广度。同时，现代化的教学设备，如多媒体教学工具等，也可以使教学更加生动、形象，提高学生的学习兴趣。

# 三、师资力量

排球教练的专业性和个性化指导能力对教学质量有直接影响。如果教练不熟悉学校的排球教学体系，或者缺乏耐心和个性化指导，那么教学效果可能难以保证。此外，女性体育教师的缺乏也可能对女大学生在排球课程中的学习造成不便。

## （一）教师的专业水平和教学经验

教师的专业性和经验将直接决定教学质量。一位优秀的排球教师不仅应具备扎实的排球技术和战术知识，还应具备丰富的教学经验和良好的教学方法。他们能够根据学生的实际情况，制定有针对性的教学计划，帮助学生提高技术水平，培养学生的比赛能力。

## （二）教师的教学态度和教学热情

除了教学能力和经验之外，教师的教学态度和热情也会对学生的学习产生重要影响。一位热爱排球教学、富有激情的教师能够激发学生的学习兴趣，调动学生的学习积极性，使学生更加主动地参与排球学习和实践活动。

## 四、教学方法

高校排球教学常常注重技能训练，但过度机械化的教学方式可能会阻碍学生的动手能力和创新思维。同时，教学往往过于竞技化，缺乏对战术、心理等综合能力的培养。

### （一）提升学习兴趣和积极性

传统的排球教学方法往往侧重于技能的机械重复和理论的灌输，缺乏趣味性和互动性，容易导致学生产生厌倦情绪，失去学习的动力。而采用多样化和创新性的教学方法，如游戏化教学、竞赛式教学等，能够激发学生的学习兴趣，提高他们参与排球运动的热情。

### （二）影响学生的学习效果

通过采用启发式教学、问题式教学等方法，教师可以引导学生主动思考和探索，培养他们的创新思维和解决问题的能力。同时，结合实践教学，让学生在实际操作中学习和掌握排球技能，能够更快地提高他们的技术水平。

# 第三节　高校排球教学改革策略

## 一、更新教育理念与目标

高校排球教学需要更新教育理念，从传统的技能和知识培养为主转变为注重学生综合素质的培养。这意味着在教学过程中，不仅要注重学生的技能掌握和理论知识的学习，还要注重培养学生的团队协作、拼搏精神、创新思维等方面的能力。同时，要明确教学目标，确保教学内容符合学生的实际需求，培养学生的全面发展。

### （一）更新教育理念是改革的基础

传统的排球教学往往过于注重技能的机械训练和理论的灌输，而忽视了学生的主体性和全面发展。因此，教师需要转变观念，树立以学生为中心的教育理念，关注学生的个体差异和学习需求，注重培养学生的创新精神和实践能力。通过引导学生主动参与、积极思考，激发他们的学习兴趣和动力，实现教学过程的互动性和实效性。

### （二）明确教学目标是改革的关键

高校排球教学的目标是培养学生的综合素质和全面发展，主要包括技能掌握、理论知识学习、团队协作能力培养、心理素质提升等多个方面。因此，教师需要根据这一目标，制订具体的教学计划，确保教学内容能够符合学生的实际需求和发展方向。同时，教师还要注重培养学生的创新能力和批判性思维，使他们在面对未来社会的挑战时能够具备更强的适应能力和竞争力。

## 二、优化课程体系与教学内容

高校排球教学应该优化课程体系，合理安排教学内容。在课程设置上，要注重技术、战术、体能、心理等多方面的培养，确保学生能够得到全面的训练。在教学内容上，应该增加与排球运动文化、团队协作、拼搏精神等方面相关的内容，使学生能够更好地理解排球运动的深层意义和价值。同时，要注重教材的更新和选择，确保教材内容的前沿性和实用性。

### （一）构建层次化的课程体系

针对不同年级、不同水平的学生，构建层次化的课程体系。对于初学者，设置基础班，注重基本技能的培养和兴趣激发；对于有一定基础的学生，设置提高班，加强技术、战术和体能的训练；对于高水平的学生，设置精英班，进行更高层次的竞技训练，并引入专业比赛和训练模式。

### （二）强化理论与实践相结合的教学内容

在教学内容上，既要注重技术的传授，也要加强理论知识的讲解。通过案例分析、战术解析等方式，让学生理解排球运动的规律和技巧，培养他们的战术意识和团队协作能力。同时，结合比赛实践，让学生在实战中检验和提升技能水平。

### （三）引入多元化教学资源

充分利用现代科技手段，引入多元化教学资源。例如，可以制作排球教学视频、教学课件等，通过网络平台共享给学生，方便他们随时随地进行学习。此外，还可以邀请专业教练、优秀运动员进行线上或线下的辅导和讲座，为学生提供更广阔的学习视野。

### （四）注重教学内容的更新与调整

排球运动技术和战术在不断发展变化，因此教学内容也需要及时更新和调整。教师要关注排球运动的最新动态和技术趋势，将最新的教学内容和方法引入课堂。同时，根据学生的反馈和教学效果评估，对教学内容进行适时的调整和优化。

### （五）加强与其他学科的交叉融合

排球运动不仅是一项体育运动，还涉及运动生理学、运动心理学、运动训练学等多个学科的知识。因此，在优化课程体系和教学内容时，可以加强与其他学科的交叉融合，为学生提供更全面的学习体验。例如，可以与体育科学学院合作，共同开设排球运动科学课程，让学生更深入地了解排球运动的原理和技术方法。

## 三、完善评价与反馈机制

高校排球教学应该完善评价与反馈机制，确保教学质量的持续改进。在评价方式上，应该采用多元化的评价方式，包括技能评价、理论评价、学习态度评价等，全面评价学生的学习成果。同时，要注重对学生的反馈和指导，帮助他们发现问题、解决问题，提高学习效果。

### （一）建立多元化的评价体系

传统的排球教学评价往往侧重于学生的技能表现，忽视了学生的学习态度、进步程度以及团队协作等方面的能力。因此，我们需要建立多元化的评价体系，将技能评价、理论评价、学习态度评价以及团队合作评价等纳入其中，以全面、客观地评价学生的学习成果。

## （二）过程性评价与终结性评价相结合

过程性评价关注学生的学习过程，能够及时反馈学生的学习状况，帮助学生及时调整学习策略。终结性评价则是对学生学习成果的综合评价，能够反映学生的整体学习水平。将二者相结合，既能确保评价的公正性和准确性，又能为学生提供有针对性的反馈和指导。

## （三）建立反馈机制，及时给予学生指导

评价的目的是帮助学生发现问题、解决问题，提升学习效果。因此，教师需要建立有效的反馈机制，及时将评价结果反馈给学生，并针对学生的不足之处给出具体的改进建议。同时，鼓励学生自我评价和互相评价，培养他们的自我反思和团队协作能力。

## （四）利用现代技术优化评价与反馈过程

现代技术手段如大数据分析、云计算等可以为高校排球教学提供更高效、更准确的评价与反馈方式。教师可以利用这些技术手段对学生的学习数据进行收集和分析，为评价提供更客观、更全面的依据。同时，通过在线平台或App等方式实现评价与反馈的即时化和个性化，提高评价与反馈的效率和效果。

## （五）注重评价与反馈机制的持续改进

评价与反馈机制不是一成不变的，需要根据实际情况进行持续改进。高校可以定期收集学生和教师的意见和建议，对评价与反馈机制进行调整和优化。同时，关注排球运动的最新发展趋势和教育教学理念的更新，及时将新的元素和理念融入评价与反馈机制中。

## 四、加强与社会的联系与合作

高校排球教学应该加强与社会的联系与合作,为学生提供更多的实践机会和展示平台。可以与社区、企业等建立合作关系,开展排球比赛、交流活动等,让学生能够在实践中提高技能水平,增强社会适应能力。

### (一)建立校企合作关系

高校可以与相关企业建立合作关系,共同推动排球教学的发展。企业可以提供资金和市场资源,高校则可以提供人才、科研和教学优势。通过校企合作,可以共同研发排球教学的新方法、新技术,推动排球教学的创新与发展。

### (二)开展社会实践活动

高校可以组织学生参与各类排球社会实践活动,如社区排球比赛、志愿服务等。这些活动可以让学生更好地了解社会、服务社会,同时也能提高他们的实践能力和综合素质。通过社会实践活动,学生可以将所学的排球知识和技能应用到实际生活中,增强对社会的适应性和贡献力。

### (三)加强与社会组织的合作

高校可以与各类社会组织建立合作关系,共同开展排球教学和文化交流活动。例如,可以与排球协会、体育俱乐部等组织合作,共同举办排球比赛、讲座和研讨会等活动。这些活动不仅可以提高学生的排球水平,还可以增强他们对排球文化的理解和热爱。

## （四）利用社会资源优化教学环境

高校可以积极利用社会资源，优化排球教学环境。例如，可以与社区体育场馆合作，为学生提供更好的训练场地和设施；可以与媒体合作，宣传和推广排球教学和文化，提高排球运动的知名度和影响力。

## （五）建立产学研一体化机制

高校可以建立排球教学的产学研一体化机制，将教学、科研和产业紧密结合起来。通过产学研一体化，可以实现排球教学的资源共享和优势互补，推动排球教学的产业化发展。同时，也可以为学生提供更多的实践机会和就业渠道。

## （六）加强与社会各界的沟通与交流

高校应加强与政府、企业、社区等社会各界的沟通与交流，了解他们的需求和期望，以便更好地调整和优化排球教学的内容和方式。通过定期举办座谈会、研讨会等活动，增进彼此的了解和合作，共同推动排球运动的发展。

另外，可以加强与具有社会影响力的企业的合作，通过多种合作形式，从而为高校的排球教学增加更多的维度和内容。

# 第四节　课程思政融入高校排球教学的路径

课程思政融入高校排球教学，是一个动态的、系统的、循序渐进的过程。本节将讨论一些具体可行的推行课程思政与排球教学相结合的实践路径。

## 一、教学设计的优化

将课程思政融入高校排球教学，教学设计的优化是关键环节。

### （一）明确思政融入的目标

首先，需要明确排球教学中思政融入的具体目标。这些目标应与高校教育总体目标相一致，包括培养学生的爱国情怀、团队协作精神、坚持不懈的精神以及规则意识等。其次，通过排球教学，让学生在掌握技能的同时，提升思想品质和道德修养，明确个人的世界观、人生观和价值观。

### （二）将思政元素整合进排球教学

深入挖掘排球教学中的思政元素，如团队精神、拼搏精神、规则意识等，并将其与排球技术、战术、规则等教学内容有机结合。在设计教学计划时，注重思政元素与排球技能的同步提升，使学生在学习排球的过程中，自然而然地接受思政教育。

### （三）创新教学方法与手段

采用多种教学方法和手段，如案例教学、角色扮演、小组讨论等，增强思政教育的趣味性和实效性。通过生动的案例和情景模拟，让学生在实践中感受思政教育的力量，加深对思政元素的理解和认同。

课程思政要讲求科学合理的教学方法，不能僵硬地将思想政治内容强行加进排球教学，那样反而会适得其反，难以达到理想的教学效果。

### （四）让思政贯穿实践教学环节

加强实践教学环节，通过组织排球比赛、团队训练、社会实践等活动，让学生在实践中锻炼团队协作、沟通能力、应变能力等。同时，将思政元素贯穿于实践教学全过程，让学生在实践中体验思政教育的成果。

### （五）将思政元素融入评价与反馈

建立科学的评价体系，将思政元素纳入排球教学的评价标准中。通过定期评价、反馈和指导，鼓励学生不断反思和改进自己的行为，提高思政教育的效果。

### （六）加强师资的思政教学水平

增强教师的思政教育意识和能力，使其能够在排球教学中有效融入思政元素。通过培训、交流等方式，提升教师的专业素养和教学水平，为课程思政融入高校排球教学提供有力保障。

## 二、教学要素的完善

### （一）优化师资队伍结构

首先，要确保排球教学团队具备思政教育的意识和能力。通过培训、研讨和学术交流等方式，提高教师的思政素养和教学水平，使教师能够深刻理解课程思政的内涵和要求，将其有效融入排球教学中。其次，积极引进具有思政教育背景和排球教学经验的优秀教师，优化师资队伍结构，提升整体教学质量。

## （二）丰富思政教学内容

在排球教学中，要深入挖掘和整合思政元素，将其与排球技能、战术等教学内容有机结合。例如，可以通过讲述排球运动的历史和文化背景，培养学生的爱国情怀和民族自豪感；通过团队训练和比赛，培养学生的团队协作精神和沟通能力；通过讲解比赛规则和裁判制度，培养学生的规则意识和诚信品质等。同时，关注时事热点和社会现象，将其与排球教学相结合，引导学生进行深入思考和讨论，增强思政教育的时效性和针对性。

## （三）创新教学方法和手段

传统的排球教学方法和手段往往注重技能的传授和训练，忽视了思政教育的融入。因此，需要创新教学方法和手段，将思政教育贯穿于排球教学的全过程。例如，可以采用案例教学、情景模拟、角色扮演等教学方法，让学生在具体的情境中感受和理解思政元素；可以利用多媒体和网络教学资源，丰富教学手段和形式，提高学生的学习兴趣和参与度；可以组织丰富多样的课外活动和实践教学，让学生在实践中体验和感悟思政教育的意义和价值。

## （四）完善教学评价机制

教学评价是检验教学效果和改进教学方法的重要手段。在融入课程思政的排球教学中，需要建立完善的教学评价机制，将思政元素纳入评价指标体系。通过定期的教学检查、学生评教、教师互评等方式，全面了解教学效果和学生的学习情况，及时发现问题并进行改进。同时，注重对学生的思政素养进行评价和反馈，引导学生注重自身思政素质的提升。

## （五）强化实践教学环节

实践教学是排球教学中不可或缺的一环。通过实践教学，可以让学生更好地理解和运用思政元素，提高思政教育的实效性。因此，需要强化实践教学环节，增加实践教学的比重和深度。例如，可以组织排球比赛、团队训练、社会实践等活动，让学生在实践中锻炼团队协作、沟通能力、应变能力等；可以邀请优秀运动员、教练员等举办讲座和交流，分享他们的经验和故事，激发学生的学习热情和积极性。

## 三、教师思政教学能力的提升

课程思政融入高校排球教学，教师的思政教学能力是关键。提升教师的思政教学能力，不仅有助于更好地将思政教育内容与排球教学相结合，还能有效提升学生的思想政治素养和排球技能水平。

### （一）加强教师的思政理论学习

教师应深入理解思政教育的内涵和目标，掌握相关的思政理论知识和教学方法。通过参加思政教育培训、研读思政教育相关书籍和文章等方式，不断提升自己的思政理论素养，为将思政教育融入排球教学奠定坚实的理论基础。

### （二）提升教师的排球专业技能

作为排球教师，应具备扎实的排球专业技能和丰富的教学经验。通过参加专业培训、与同行交流、观摩优秀教学案例等方式，不断提升自己的排球教学水平和能力，为思政教育融入排球教学提供有力的技术支持。

### （三）创新教学方法和手段

教师应积极探索适合排球教学的思政教学方法和手段。例如，可以采用案例分析、小组讨论、角色扮演等教学方式，让学生在参与和互动中感受思政教育的魅力；同时，利用现代教学技术，如多媒体、网络等，丰富教学手段，提高教学效果。

### （四）注重实践教学与反思

教师应积极开展实践教学活动，将思政教育与排球教学紧密结合。通过组织排球比赛、团队训练、社会实践等活动，让学生在实践中体验和感悟思政教育的意义和价值。同时，教师应注重教学反思，及时总结经验教训，调整教学策略，不断提升自己的思政教学能力。

### （五）加强团队协作与交流

教师应积极参与学校组织的教研活动和团队合作，与同行共同研究教学问题，分享教学经验。通过团队协作与交流，教师可以相互学习、相互借鉴，共同提升思政教学能力。

### （六）关注学生反馈与需求

教师应关注学生的反馈和需求，及时了解学生对思政教育与排球教学融合的看法和建议。通过与学生沟通交流，教师可以更好地调整教学策略，满足学生的学习需求，提高教学效果。

## 四、增强学生的思政意识

### （一）在排球教学中融入思政元素

排球教学不仅是技术和战术的训练，更是一个塑造学生思政意识的重要平台。在排球教学中，教师可以结合排球运动的特点，挖掘其中的思政元素，如团队协作、拼搏精神、规则意识等，并通过案例分析、小组讨论等方式，让学生深入理解这些思政元素的内涵和价值。

## （二）强化排球教学中的爱国主义教育

排球运动是一项集体运动，需要团队之间的紧密合作。通过讲述中国排球运动的发展历程、重要赛事和优秀运动员的事迹，激发学生的爱国情怀和民族自豪感。同时，结合时事政治，引导学生关注国家大事，增强国家意识和民族认同。

## （三）培养学生的规则意识和诚信品质

排球运动有严格的比赛规则和裁判制度，这为学生提供了培养规则意识和诚信品质的良好环境。在教学中，教师要强调规则的重要性，引导学生遵守规则、尊重裁判，并通过实际案例让学生理解诚信在排球运动中的价值，从而将思政教育融入排球教学中。

## （四）加强实践教学，增强学生的思政体验

实践教学是增强学生思政意识的有效途径。通过组织排球比赛、团队训练等活动，让学生在实践中体验团队协作、沟通交流的重要性，增强集体荣誉感和责任感。同时，教师也可以在实践教学中引导学生反思自己的行为，培养自我管理和自我约束的能力。

## （五）利用新媒体技术，拓展思政教育渠道

新媒体技术为高校思政教育提供了新的平台和手段。教师可以利用微信、微博等社交媒体平台，发布排球教学相关的思政内容，与学生进行互动和交流。同时，也可以利用视频、动画等多媒体教学资源，丰富思政教育的

形式和内容，提高学生的学习兴趣和参与度。

（六）建立思政评价体系，引导学生自我提升

建立科学的思政评价体系，将学生的思政表现纳入排球教学的评价体系中。通过定期评价、反馈和指导，鼓励学生自我反思和自我提升。同时，也要注重评价结果的运用，对表现优秀的学生给予表彰和奖励，激励更多的学生积极参与思政教育。

## 五、思政标准融入教学评价

课程思政融入高校排球教学的路径中，将思政标准融入教学评价是一个至关重要的环节。这不仅可以确保思政教育的有效实施，还能够客观评价排球教学中思政教育的成果。

（一）明确思政评价标准

通过明确排球教学中思政教育的目标和要求，进而制定具体的思政评价标准。这些标准应该包括学生的政治素养、道德品质、团队协作精神、规则意识等方面的内容，以确保思政教育与排球教学的深度融合。

（二）构建多元化评价体系

在评价过程中，应构建多元化的评价体系，包括教师评价、学生自评、同学互评等多种方式。这样可以全面、客观地反映学生在排球教学中的思政表现，避免单一评价方式的局限性。

### （三）注重过程性评价

除了传统的结果性评价，还应注重过程性评价。通过观察学生在排球教学过程中的表现，如参与态度、团队协作、规则遵守等方面，可以更加深入地了解学生的思政表现，并及时给予指导和帮助。

### （四）强化思政元素的考核

在排球教学的考核中，应强化思政元素的考核。例如，在排球技能考核中，可以加入团队协作、沟通交流等方面的要求；在理论考核中，可以加入对排球运动精神、规则意识等方面的理解和认识。这样可以确保思政元素在排球教学中的有效渗透。

### （五）及时反馈评价结果

评价结果应及时反馈给教师和学生，以便他们了解自己在思政方面的表现和不足，进而调整教学策略和学习方法。同时，通过评价结果的分析和总结，可以不断完善思政融入排球教学的路径和策略。

### （六）建立激励机制

为了激发学生的积极性和参与度，可以建立相应的激励机制。例如，对于在排球教学中表现突出的学生，可以给予一定的奖励和荣誉；对于在思政方面有明显进步的学生，也可以给予适当的表彰和鼓励。

# 第五节　现代信息技术在高校排球教学中的创新应用

现代信息技术对高校的体育教学给予了重要的支持，并使现代教育发生了飞跃式的进步。本节将简单讲解现代信息技术的基本含义，以及其在高校排球教学过程中的创新应用。

## 一、现代信息技术的含义

现代信息技术是一个广泛的技术群，它以微电子学为基础，结合计算机技术、电信技术等多种技术手段，对声音、图像、文字、数字以及各种传感信号的信息进行获取、加工、处理、储存、传播和使用。

## 二、现代信息技术的主要特点

现代信息技术的主要特点包括强大的储存能力；高速、精确的运算能力；集判断能力；自动处理能力；可靠性高，以及网络与通信能力强。

此外，现代信息技术还具有渗透性、创新性、推动性、战略性、竞争性、开放性、增值性、高额投入性等多项特征。这些特征使得现代信息技术能够深入影响并推动各行业的发展，特别是在企业决策、市场研究以及信息分析等领域。

## 三、现代信息技术的创新式应用

### （一）创建虚拟实境教学环境

通过引入现代信息技术，教师可以利用网络视频技术记录学生的排球比赛或专业选手的比赛视频，并在课堂上播放，让学生可以反复观看各种技术动作的执行过程，帮助他们更好地理解技术要领。同时，利用电子课件可以生动形象地展示排球技巧和战术，提高学生对技术的理解和掌握程度。

此外，虚拟现实技术也为排球教学带来了新的可能性。通过虚拟现实技术，学生可以模拟真实的排球比赛场景，进行技术训练和战术演练。学生可以通过头戴式显示设备，仿佛置身于实际的比赛场地之中，增强学习体验。这种教学方式不仅提高了学生的实战能力，还增强了他们的学习体验和沉浸感。

### （二）教学手段的多样化创新

在当前移动智能设备如此普遍的前提下，教师可以利用网络平台开展线上教学，可以突破时间和空间的限制，将排球课堂的围墙打破，让学生随时随地学习排球知识和技能。

同时，线上教学还可以结合视频讲解、实时互动、在线测试等手段，使教学更加生动、有趣，提高学生的学习效果。同时，新媒体技术也为师生之间的沟通和交流提供了便利。教师可以通过社交媒体、在线论坛等平台与学生进行实时互动，解答学生的疑问，分享教学心得和比赛经验。这种互动方式不仅拉近了师生之间的距离，还提高了教学的针对性和时效性。

### （三）让个性化教学成为可能

利用现代信息技术，高校的排球课也可以实现个性化教学。通过智能教学系统，教师可以根据学生的学习进度和水平，为他们提供定制化的学习资源和练习计划。同时，学生也可以根据自己的需求和兴趣，选择适合自己的学习内容和方式，实现个性化的学习和发展。通过记录学生的学习情况和反馈信息，教师可以针对每个学生的特点和需求进行个性化教学。同时，在网络平台上设置论坛、问答等交流方式，让学生可以在互相学习交流中促进个人排球技术水平的提高。

（四）提供了海量的教学资源

现代信息技术还为高校排球教学提供了丰富的教学资源和交流平台，提高了教学效率。通过在线教学平台和教学管理系统，教师可以共享教学资源、交流教学经验、组织线上教学活动等，推动排球教学的创新和发展。学生也可以利用这些平台进行自主学习、交流互动、参与竞赛等，拓宽学习视野、提升综合素质。

通过网络平台，教师可以轻松获取大量的排球教学视频、技术解析、赛事回放等资源，并将其整合到教学内容中，使学生能够更加直观、深入地了解排球运动的各个方面。这些资源不仅丰富了教学内容，还提高了学生的学习兴趣和参与度。

（五）科学管理教学数据与分析

现代信息技术为排球教学提供了强大的数据管理和评估功能。通过电子考试系统、学生管理系统等，教师可以对学生的学习情况进行实时跟踪和评估，为教学决策提供科学依据。同时，学生也可以通过这些系统了解自己的学习情况，调整学习策略，实现自我管理和自我提升。

# 第三章
# 高校排球技术原理

排球技术在高校排球教学内容中占比较大,对学生的排球运动水平具有决定性的作用。本章将从排球技术基本原理、排球技术学习原理、排球技术训练原理这三个方面进行阐述,并选择其中最重要的几个理论作具体的分析。

# 第一节　排球技术基本原理

## 一、排球技术的生物学原理

（一）条件反射与非条件反射

1.条件反射与非条件反射的概念
（1）条件反射
条件反射，简言之，是指通过反复的经历与体验，使原本无关联的两个事物之间建立起联系。当其中一方出现时，另一方会自然而然地被联想到。这种反应并非与生俱来，而是有机体在接收到特定信号刺激后，经过学习形成的。

在我们的日常生活中，条件反射往往建立在非条件反射的基础之上。比如，给狗喂食，它会自动分泌唾液，这是非条件反射。但如果在喂食之前，先摇铃，多次重复后，狗听到铃声也会分泌唾液，这就是条件反射。铃声原本与食物无关，但由于多次与食物一同出现，它逐渐成了食物的信号，触发了狗的条件反射。

条件反射的形成需要不断地强化，即无关刺激与非条件刺激在时间上的紧密结合。条件反射一旦建立，如果不继续强化，就会逐渐减弱直至消失，这被称为条件反射的消退。而要使条件反射牢固，需要持续地复习和强化。例如，学习新知识时，我们需要不断复习，以巩固记忆，这也是条件反射形成的一个过程。

关于条件反射的机制，目前尚未完全明了，但普遍认为它涉及非条件刺激和条件刺激信息在各级中枢之间的暂时性功能联系。在人类和高等动物中，这种联系必须通过大脑皮层来建立。

（2）非条件反射

非条件反射是我们与生俱来的、无需学习就能产生的反射行为。它是一种基础的、低级的神经活动，代表着外界刺激与机体反应之间的固有联系。这种联系在生物体的种族发展过程中早已固定下来，拥有固定的反射途径。

非条件反射的完成，通常涉及大脑皮层以下的神经中枢，如脑干和脊髓。例如，膝跳反射、眨眼反射、缩手反射，以及婴儿的吮吸和排尿反射，都属于非条件反射。再如，吃梅子时口腔会分泌唾液，这也是一种非条件反射，是我们与生俱来的生理反应。

非条件反射不仅是条件反射的基础，而且它的存在使得生物体能够对外界环境作出基本的、快速的反应。随着生物体大脑的发育和复杂化，能够建立的条件反射也变得更加复杂，从而提高了生物体对环境的适应能力。

2.条件反射与非条件反射的区别

条件反射和非条件反射虽然都是人类的正常生理现象，但在形成方式、刺激与反应的关系以及功能和应用等方面存在显著的差异。这些差异使得两者在生物体的适应和生存中各自发挥着独特的作用。

从形成方式来看，条件反射是后天形成的，是由后天的某种刺激所引起的。这种反射能否建立，与个体神经系统的功能状态有很大的关系，并且受到遗传、环境等因素的影响。而非条件反射则是先天形成的，是生物在长时间的进化中形成的本能反射，不需要大脑记忆中枢参与，是生来就有的。

从刺激与反应的关系来看，条件反射是由信号刺激引起的，这些信号刺激可以是具体信号（如声音、外形、颜色、气味等）或抽象信号（如语言、文字等）。与此相对，非条件反射是具体事物（如食物、针扎等）刺激引起的，这些刺激与有机体的反应之间存在与生俱来的固定神经联系。

从功能和应用的角度来看，非条件反射是条件反射形成的基础，例如，当人体受到外界刺激时，条件反射会迅速引起一系列的反应，如眼睛、耳朵、鼻子、嘴巴等部位会迅速作出相应的反应，以保护机体不受侵害。

## （二）排球运动技术条件反射形成的生理机制

从生理学视角来看，排球运动技术条件反射的形成是一个复杂而精妙的过程。这一过程本质上是大脑依据条件刺激与无条件刺激在时间上的结合，构建出全新的、暂时性的神经联系，即我们所说的条件反射。

细究排球技术条件反射的形成过程，可以将其划分为前驱期、联合期与后驱期三个阶段。在前驱期，运动员尚未接触到具体的条件激发时，原反射的触发已能诱导条件反射的产生。以初学者为例，他们在首次接触某项排球技术时，大脑便会对新出现的刺激产生自然的反应。

进入联合期，原反射与条件刺激开始同步出现，这时，条件反射便得以激发。通过不断地练习排球技术，相关的刺激与动作在运动员的大脑中逐渐建立起紧密的联系，形成条件反射的基础。

到了后驱期，即便条件刺激消失，原反射仍能在一段时间后自然产生，这标志着条件反射已经成熟并稳固下来。此时，运动员对技术的掌握已达到自动化的程度。

在排球训练中，大量的重复练习是形成运动技能不可或缺的一环。通过反复练习，运动员对正确技术动作的概念逐渐清晰，对技术的感知也愈发精准。这种感知的准确性和精确性，是运动员在比赛中迅速作出反应和准确判断的关键。

此外，排球运动技术的条件反射形成还涉及神经系统的综合作用。以击球为例，运动员在手指触球的瞬间所产生的手感，实际上是手接触球时大脑对球产生的压觉、触觉以及肌肉、肌腱本体感觉的综合处理，同时还综合了当时的视觉信息。因此，运动员需要通过长期的训练来提升自己的感知能力，从而更好地掌握排球技术，发挥出色的竞技水平。

## （三）建立排球运动技能条件反射的条件

### 1.条件反射的基石：反复训练与刺激

条件反射的形成并非一蹴而就，而是需要长时间的反复训练与持续刺激。对于排球运动员而言，每一个技术动作的熟练掌握，都离不开大量的练习和不断的外界刺激。

在排球训练中，运动员会反复进行各种技术动作的练习，如传球、扣球、发球等。每一次练习，都是对运动员大脑和身体的刺激。随着时间的推移，这些刺激与特定的排球动作之间逐渐建立起紧密的联系。当运动员在比赛中遇到相应的情境时，大脑能够迅速识别并作出反应，从而准确执行相应的技术动作。这种条件反射的形成，是运动员技能提升的关键。通过反复训练，运动员不仅提高了技术动作的熟练度，还增强了身体的协调性和提升了反应速度，从而在比赛中能够更加自如地应对各种情况，发挥出最佳水平。

不过，反复训练并不意味着简单的重复。在训练过程中，教练会根据运动员的实际情况，制订个性化的训练计划，逐步增加难度和复杂度。同时，教练还会通过讲解、示范等方式，为运动员提供正确的指导和反馈，帮助他们更好地掌握技术动作和建立条件反射。

总之，条件反射的形成是排球运动员技能提升的重要基础。通过反复训练和持续刺激，运动员能够建立起与技术动作紧密相关的条件反射，从而在比赛中发挥出最佳水平。

2.条件刺激先行：建立条件反射的关键

在排球技能学习的过程中，一个至关重要的原则是条件刺激物必须早于非条件刺激物出现。这一原则是基于著名的心理学家巴甫洛夫的条件反射理论出现的，它深刻揭示了时间顺序在建立条件反射过程中的核心作用。

在排球训练中，我们常常会遇到各种刺激物。教练的明确指令、队友的精准传球等，都可以视为条件刺激物。这些刺激物使运动员在大脑中形成一种预期，使他们对即将发生的动作或情境有所准备。而球的到来、比赛中的压力等，则属于非条件刺激物。它们往往是不可预测的，需要在运动员作出反应时及时处理。

为了确保运动员能够在比赛中迅速、准确地作出反应，必须确保条件刺激物先于非条件刺激物出现。这样做的目的是让运动员的大脑在接收到条件刺激后，能够迅速地与相关的动作或反应建立联系。通过大量的重复练习，这种联系逐渐加强，并最终形成稳固的条件反射。

当条件刺激先行时，运动员在接收到指令或感知到队友传球的同时，大脑就已经开始准备执行相应的技术动作。一旦非条件刺激物出现，如球的到来，运动员就能够凭借已经建立的条件反射，迅速而准确地作出反应。这种快速的反应能力，是排球运动员在比赛中取得优势的关键。

因此，在排球技能教学中，教练员必须始终牢记条件刺激先行的原则。通过精心设计训练计划，合理安排刺激物的出现顺序，可以帮助运动员更好地建立条件反射，提高他们的竞技水平。

3.适宜的大脑皮层兴奋：条件反射形成的助推器

在排球运动技能条件反射的形成过程中，大脑皮层的兴奋状态扮演着至关重要的角色。这种适宜的兴奋状态不仅能够帮助运动员保持高度的专注力和注意力，还能促进他们快速、准确地接收和处理与排球技能相关的信息。

当大脑皮层处于适宜兴奋状态时，运动员的思维更加敏捷，反应更加迅速。他们能够迅速捕捉到教练的指令、队友的传球意图以及对手的战术变化等信息，从而作出准确的判断和反应。这种高度的警觉性和敏锐性，是运动员在排球比赛中取得优势的重要保证。

适宜的兴奋状态还能提升神经系统的传导速度。在排球运动中，运动员需要通过神经系统快速传递信息，协调身体各部分完成复杂的动作。当大脑皮层处于兴奋状态时，神经冲动的传导速度会加快，这使得运动员的动作更加迅速、流畅，反应更加敏捷。

更重要的是，适宜的大脑皮层兴奋状态还能加深运动员对技能的记忆。在反复练习排球技能的过程中，运动员的大脑皮层会逐渐形成与这些技能相关的记忆痕迹。当大脑皮层处于兴奋状态时，这些记忆痕迹会更加深刻、稳固，使运动员在比赛中能够更好地回忆起这些技能并付诸实践。

需要注意的是，大脑皮层的兴奋状态并非越强越好。过强的兴奋状态可能导致运动员过于紧张、焦虑，进而影响技能的发挥。因此，在训练过程中，运动员需要密切关注大脑皮层的兴奋状态，通过适当的调整，保持适宜的兴奋状态。

4.刺激强度的把握：影响条件反射形成的关键因素

在排球技能学习的过程中，刺激强度的把握是影响条件反射形成速度的关键因素。刺激强度的大小直接关系到运动员大脑皮层兴奋性的强弱，进而影响其建立条件反射的速度和效果。

适度的刺激强度能够加快条件反射的建立。当刺激强度适中时，运动员的大脑皮层能够保持适宜的兴奋性，有利于接收和处理与排球技能相关的信息。在这种状态下，运动员更容易形成稳固的条件反射，并在比赛中迅速、准确地作出反应。

在排球训练中，教练应注重刺激强度的把握。首先，教练可以通过生动的讲解和恰当的口令来提供适宜的刺激。生动的讲解能够帮助运动员更好地理解技术动作的要领和要点，恰当的口令则能够激发运动员的学习兴趣和积极性。其次，教练可以通过优美的示范动作来提供视觉上的刺激。优美的示范动作不仅能够吸引运动员的注意力，还能够为运动员提供一个直观的模仿对象。

同时，教练还需要根据运动员的实际情况，合理安排练习的难度、进度，确保刺激强度的适宜性。对于初学者，教练可以适当降低练习的难度和要求，以帮助运动员逐步适应并掌握基本技术动作；对于技术水平较高的运动员，教练则可以增加练习的难度和复杂度，以挑战他们的能力极限，促进条件反射的进一步形成。

5. 减少干扰：保障条件反射顺利建立的必要条件

在排球技能学习的过程中，建立条件反射是一项需要高度专注和集中注意力的任务。而在这个过程中，任何形式的干扰都可能打断运动员的思维和动作连贯性，进而影响条件反射的顺利建立。因此，减少干扰成为保障条件反射顺利建立的必要条件。

首先，教练应努力营造一个宁静的训练环境。在排球训练场上，应尽量减少嘈杂的声音、多余的物品和不必要的人员流动，为运动员创造一个安静、整洁、有序的训练空间。这样可以有效地防止运动员在训练过程中分心和感到不适，使他们能够更加专注于技能的学习和实践。

其次，教练应合理安排训练活动，避免不同活动之间的相互影响。在排球训练中，可能会涉及多种不同的技能和战术，如果安排不当，就可能导致运动员在不同活动之间产生混淆和干扰。因此，教练应根据训练目标和运动员的实际情况，合理安排训练内容和顺序，确保每个活动都能独立、有效地进行。

最后，教练还应引导运动员提高学习自觉性和自我控制能力。在训练过程中，运动员可能会遇到各种外界因素的干扰，如其他运动员的聊天、观众的注视等。为了抵御这些额外刺激的干扰，运动员需要具备较强的自我控制能力，明确训练目标，保持高度的专注力，不受外界因素的干扰。

## 二、排球技术的生理学原理

### （一）排球技术之手感

排球技术中的手感，指的是运动员在接触球时，手指和手掌对球的感知和控制能力。手感的好坏直接影响运动员对球的掌控精度和击球效果。在排球运动中，手感的培养和提高需要长期的训练和实践。运动员需要反复练习各种技术动作，通过不断地接触球，逐渐熟悉球的材质、重量和弹性，从而强化对球的感知和控制。

正确的技术动作和姿势也是强化手感的关键因素。例如，在传球时，要保持手臂的伸直和放松，用手指和手腕的力量来控制球的力度和方向；在扣球时，要充分利用手掌和手指的合力，以合适的角度和力度将球击出。但是，在培养手感的过程中，需要结合相关的生理学原理。

### （二）传球的手感

从生理学的角度解析，球感是高级神经系统活动的外在表现，它源于分析系统综合活动所形成的条件反射机制。而在心理学的层面上，球感则被视为一种复合且专门化的知觉，是人类心理反应的一种独特展现。具体到排球运动中，特别是在传球这一环节，手指与球接触的一刹那，那种微妙的感触，我们称之为手感。这种手感是运动员对球的一种专门性感知，它不仅与球与手接触时产生的压觉、触觉紧密相关，还涉及肌肉、肌腱的本体感觉，同时还会受到运动员当时视觉信息的影响。

排球运动中的击球动作丰富多样，手与球接触的方式、部位以及时间的不同，使得手感呈现出多样化的特点。特别是在那些要求击球速度极快的技术动作中，如垫球、扣球和发球，手感往往是转瞬即逝的。运动员往往只能凭借那一刹那的感觉进行感知和判断，很难有充足的时间对击球动作和力量进行细致的微调。因此，对于排球运动员来说，培养敏锐而准确的手感，是提升技术水平的关键所在。

### （三）垫球的手感

垫球，作为一项手臂与球相互作用的技术，其核心在于精准地控制球的运动轨迹。这一过程涉及手臂的巧妙用力、缓冲调整，以及手形的灵活变换，旨在将球稳定且准确地垫入预定区域。这一系列精准的动作，背后依赖于击球瞬间手臂的专门运动知觉。

通过反复不断地练习，面对各种不同性能的来球，队员们能够逐渐加强对球速、力量和角度的敏锐感知，同时深化对触球时压力和具体部位感觉的体验。随着这些感知能力的提升，队员们能够迅速作出反应，更加熟练地掌握垫球的正确动作，并掌握精准而稳定的垫击手法。这不仅有助于提高垫球的准确性，还能有效减少失误，提升整体表现。

在垫球过程中，队员们需要根据来球的速度、弧度以及预期的击球方向、落点和速度，瞬间作出准确判断。随后，他们需运用恰当的技术动作来控制击球力度和方向，确保每一次垫球都能达到预期效果。通过持续的练习和感知能力的提升，队员们的垫球技术将得到显著提升，为球队的胜利贡献更多力量。

### （四）发球的手感

击球，作为发球流程中的关键环节，其执行效果对发球的整体质量起着至关重要的作用。从两脚蹬地开始，整个击球过程便包含了一连串的协同动作。在蹬地的同时，胸、腹、背部以及手臂的肌肉群预先进行拉伸，为后续的发力作好充分准备。随后，通过挺身、转体等动作，手臂得以充分挥动，这不仅增加了转动的半径，也提高了手臂的线速度，从而赋予球更大的动能。

以正面上手发旋转球为例，可以采用全手掌击球的方式。由于击球面积较大，手与球的接触时间也相对较长，这使得我们能够更精准地控制球的飞行轨迹。在手触球到球离手的整个过程中，球的受力方向在不断变化，再配合手腕的推压作用，球便能以优美的上旋姿态飞行，增强其旋转效果。

而在正面发飘球时，击球方式则有所不同。此时，我们不再使用全掌击球，而是选择用掌根平面击中球的中下部。在这个过程中，手腕不施加推压，确保作用力能够精准地穿过球体重心。发力需要短促、突然且集中，击球后手臂的挥动应迅速停止，避免多余的屈腕等动作，以确保击球的精准度和效率。通过这样的击球技巧，我们可以更好地掌控球的飞行轨迹，提高发球的威胁性。

## 三、排球技术的生物力学原理

（一）起动的力学原理

1.起动就是打破原有的身体平衡

人体向前抬腿时，会打破身体的平衡，导致身体前倾，从而实现制动效果。同时，配合收腹动作，上体进一步前倾，这有助于身体重心的前移。随着身体重心的前移，后蹬角会相应减小，进而增加后蹬的水平分力，从而实现加速起动的目标。简而言之，通过打破身体平衡，结合前倾和收腹动作，可以有效提高起动的速度和效果。

2.起动时的稳定角

稳定角，简单来说，就是身体重心与地面的垂线和身体与支撑面边缘连线所构成的夹角。当运动员准备向前起动时，他们会迅速前倾上体或者提起一只脚，这样可以使身体的重心垂线远离支撑点。在准备起动的姿势中，运动员会尽量使前稳定角接近零度，以增加稳定性。值得注意的是，稳定角的大小与支撑面的大小成正比，而与身体重心的高低成反比。

3.支撑反作用力

支撑反作用力，其实就是运动员与地面相互作用时产生的反弹力。当运动员用力蹬地时，他们的力量越强大，产生的静止惯性动力也就越大。在起动的过程中，关键的力量来源于蹬地腿肌肉的爆发式收缩。这种收缩的速度和力度，直接决定了起动的效能。有趣的是，蹬地腿肌肉的预先拉长程度与其爆发力有密切关系。肌肉拉长得越充分，其爆发力就越强，从而起动速度也就越快。这其中的力学原理，为运动员在比赛中迅速起动提供了有力的支撑。

4.蹬地角的影响

在支撑反作用力保持不变的情况下，蹬地角的大小将直接影响分力的大小。当重心向前移动时，蹬地角会相应减小，这会导致蹬地时产生的水平分力增加。因此，在起动阶段，应当采用较小的蹬地角，以便获得更大的支撑反作用力的水平分力，从而更有效地推动身体向前移动。

为了更快地使身体重心前移，有时在抬腿之前，后腿可以适当地向后垫一步。这一动作有助于减小蹬地角，进而增加水平分力。例如，当需要向右移动时，可以抬起右腿，身体随之向右移动并倾斜，同时用左腿进行蹬地起动。通过这种方式，可以更有效地利用蹬地动作产生的水平分力，实现快速而稳定的移动。

（二）传球的力学原理

从运动学的角度出发，传球出手这一动作其实是一个匀速运动的过程，它严格遵循着牛顿第二定律的运动规律。在这个过程中，作用力与加速度的关系至关重要。由于球的质量是一个恒定的常数，因此，传球时作用力的强弱直接决定了加速度的大小。这就意味着，传球时的手法和全身协调用力，都是提升传球技术不可或缺的关键要素。

在传球的过程中，我们主要依赖于蹬地、展体、伸臂等全身协调动作所产生的推力，以及手指、手腕的击球力量。这些力量相互作用，形成一个合力，作用于球体之上。缓冲技术是传球过程中的一项重要技术。它要求手指、手腕具备出色的控制能力，这也是衡量优秀二传手技术水平的重要标准之一。

因此，要想成为一名出色的二传手，不仅需要熟练掌握正确的传球手法和全身协调用力技巧，还需要不断磨练自己的缓冲技术。只有这样，才能在传球过程中精准地控制球的轨迹和速度，增加出球的点位，从而提升传球的灵活性和整体质量。

## （三）垫球的力学原理

手臂垫击平面与地面的夹角，对于击球效果具有至关重要的影响。当夹角较大时，垫击出的球往往呈现出较低的弧度；而夹角较小时，球的弧度则会相对较高。

面对不旋转的来球，可以巧妙地运用入射角与反射角的原理进行击球。当来球的弧度较高，球体由上往下落时，我们应适当减小手臂与地面之间的夹角，以引导球以适中的弧度反弹。相反，来球的弧度较低，我们就需要稍微增大手臂的夹角，确保球能够以合适的弧度反弹至预期目标位置。

通过灵活调整手臂垫击平面与地面的夹角，能够更加精准地控制球的反弹轨迹，从而在各种情况下都能达到理想的击球效果。

当球带有旋转并与手臂接触时，除了球对手臂的撞击力和手臂的反弹力，球的旋转力也会作用在手臂上。为了应对这种旋转力，手臂需要给予一个与旋转力大小相等、方向相反的力。因此，球在接触手臂后的反弹方向，实际上是反弹力与旋转反作用力的合力所决定的。

手臂垫击平面与地面的夹角，对垫球的弧度起着决定性的作用。如果夹角较大，垫球的弧度会比较平缓；夹角小则会导致垫球弧度升高。简而言之，手臂的角度是控制垫球方向、弧度和落点的关键因素。

面对不同的来球情况，需要灵活调整垫球技巧。当来球力量大且垫球距离短时，为了避免球因反弹力过强而飞越网面，需要采取适当的缓冲动作。相反，如果来球力量小且垫球距离远，就需要加大手臂抬高的力度和迎击球的力量，以确保球能够准确地送到指定位置。这是因为，在来球力量一定的情况下，球体与手臂接触时的形变程度和形变速度，直接取决于手臂主动迎击球的力量。如果手臂动作迅速且力量大，球与手臂的接触时间就会缩短，球体的形变增大，速度加快，反弹力也相应增强；反之，如果手臂动作缓慢且力量小，并加入缓冲动作，那么球与手臂的接触时间就会延长，球体形变减小，速度减慢，反弹力也相应减弱。

### （四）扣球的力学原理

扣球技术，是一项既复杂又精细的技术，它包括准备姿势、助跑、起跳、空中击球及落地等多个关键环节。其中，空中击球动作是整个扣球技术的核心，直接关乎扣球的质量与效果。下面将深入剖析这一关键技术动作背后的生物力学原理。

在扣球技术的空中击球环节中，人体的展体屈臂后振或拉臂动作，巧妙地运用了转动惯量和转动定律的科学原理。同时，线速度等于角速度与转动半径乘积的力学原理也在这里得到了充分体现。通过巧妙地屈臂，减小转动半径，从而增大角速度，同时保持较大的转动惯量，便于快速而有力地屈体挥臂击球。这一系列动作连贯而流畅，旨在最大限度地加大击球力量。

在这一过程中，前臂肌群的屈腕、屈指肌群的爆发式收缩发挥了至关重要的作用。同时，上肢各环节的动量在此过程中得以逐步积累，而末梢环节——手及掌、指的运动速度，则是由其各近侧环节运动速度的叠加而成，形成了类似"鞭打"的效果，极大地加大了击球的力度，加快了击球速度。

值得一提的是，非击球臂在这一"鞭打"过程中也扮演了重要的角色。在形成"背弓"的过程中，非击球臂与击球臂协同上摆，并在躯干摆振之前先行摆动。这一动作不仅有助于进一步拉长击球臂的肌群，从而增加击球挥臂的力量，还能有效延长挥臂肌群的工作距离，进而增大躯干和击球臂前摆的角动量。此外，非击球臂的前摆还减小了其对腰轴的转动惯量，从而增大了击球臂的角速度，使整个扣球动作更加协调、流畅。

# 第二节　高校排球技术学习原理

高校的排球技术学习需要在相应的科学理论指导下进行，从而使学习更有效率，本节将主要对高校排球技术学习原理进行研究。

## 一、人的运动技能记忆系统

神经系统在动作技能的习得过程中发挥着举足轻重的作用。具体而言，脊髓中的运动神经元就像是一位指挥官，负责调控各个肌肉的收缩方式，确保它们能够精确地响应指令。而大脑，作为更高级的中枢神经系统，则对肌肉收缩的顺序进行精细的程序化加工，让动作更加流畅、协调。

当某个动作技能经过反复练习后，它就会被大脑牢牢记住。这意味着，当需要再次执行相同的动作时，大脑能够迅速回想起这些已经固化在脑海中的动作模式。这些被大脑记住的动作模式在神经科学领域被称为记忆痕迹或动作程序。通过进一步练习，可以对这些记忆痕迹或动作程序进行微调，使动作技能更加精湛。

记忆，是人类在不同时间段内保持并运用信息的能力。它主要由三个关键部分组成：瞬时感觉储备、瞬时记忆和长时记忆。这三个部分在信息处理过程中各司其职，共同构成了人们复杂的记忆系统。

（一）瞬时感觉储备

瞬时感觉储备，作为记忆系统的先锋，肩负着短暂保存外界输入信息的重任。由于它的容量相对有限，保存信息的时间非常短暂，通常仅持续几百毫秒。在这个过程中，来自各种感觉器官的信息流——听觉、视觉、动觉以及触觉等，在刺激确认阶段被同时且平行地处理。这些信息在各自的短时感觉储备中暂时驻留，等待着进一步的加工和处理。这种快速而高效的信息处理方式，确保了人们的神经系统能够迅速响应外界的刺激，为人们与环境之间的互动提供了有力的支持。

（二）瞬时记忆

瞬时记忆是一个信息短时间存储和处理的场所。尽管大量的信息通过瞬时感觉储备进入大脑，但并不是所有信息都能被导入下一个记忆系统。通过注意选择机制，大脑会从瞬时感觉储备中选择一些与当前任务相关或重要的信息作进一步的处理。在这个过程中，一些信息可能会丢失，而新的信息可能会替代旧的信息。例如，高水平的运动员在执行技能性动作时，通常会选择性地注意与动作相关的提示，而忽略无关或干扰性的信息。由此可见，神经系统通过其复杂的结构和功能，使得我们能够学习、记忆并优化各种动作技能。而记忆系统的不同组成部分，则共同协作，确保人们能够有效地处理和运用来自外界的信息。

瞬时记忆，作为信息处理的中间站，能够提取、演练、处理并转移与动作相关的信息至长时记忆系统。然而，它的容量有限，且存在的时间相对短暂。瞬时记忆作为一个暂时性的工作平台，有时也被称作"短时记忆"或"工作记忆"。在这个平台上，与动作紧密相关的信息会进入受控的处理流程，进行更为精细的加工。

尽管瞬时记忆扮演着关键角色，但其容量仍非常有限。如果将其比作意识的舞台，那么其"保持"空间所能容纳的信息量相对较少。这些信息在瞬时记忆中的表现形式相较于瞬时感觉储备更为抽象，有时难以用言语准确描述。只有当人们的注意力聚焦于这些信息时，它们才能在短时记忆中得以保存。如果这些信息得到不断的重复处理、应用、演练，或者与其他任务建立联系，它们就更有可能被记住。

然而，一旦人们的注意力转向其他事物，短时记忆中的信息内容便可能迅速消失。动作信息的保持时间为20～30秒。这种特性在日常生活中常有体现，例如当我们熟读一首诗歌，感觉已经能够背诵时，但在实际背诵过程中，仍可能会遗忘其中的某个字词。这正是因为信息在短时记忆中的保存是暂时的，需要不断复习和强化才能转化为长时记忆。

（三）长时记忆

长时记忆是记忆结构中的第三种成分，它负责持久地保存信息和经验。这个记忆系统的容量极为庞大，且没有时间限制，是一个真正的信息宝库。它是人们一生中不断学习、熟练掌握各类信息的稳固储存空间。根据实验结果，长时记忆在信息容量和保存时间方面几乎是无限的。至于一个人究竟能够存储多少信息，这仍是一个有待深入探究的课题。

人们常常会回想起很久以前学会的技能，即使多年未曾使用，也依然能够轻松驾驭。比如，一旦学会了骑车，即使多年不骑，那份技能也依旧深藏在长时记忆中，不会遗忘。

储存在长时记忆中的信息，通常是经过瞬时记忆中的精细控制和处理过程转化而来的。这些过程可能包括反复演练、将新信息与旧有知识相联系等。当人们说某个学生掌握了某项知识或技能时，实际上是指他成功地将短时记忆中处理过的信息转移到了长时记忆中。

这一概念同样适用于动作技能的学习。人们在短时记忆中处理动作程序，随后将其存储在长时记忆中，以便日后能够熟练执行。理论和大量的实践经验都表明，许多动作技能，特别是像跑步和竞走这样的持续性技能，即使在长时间未进行专门练习的情况下，也能够保持较高的水平。这正是因为长时记忆为人们提供了稳定的技能储存空间。

## 二、运动技能的动作程序、开环与闭环控制

在排球运动中，众多动作，特别是那些要求短时间内、在稳定且可预测的环境中迅速完成的动作，如发球和起跳，大多是由运动员事先规划并直接执行的。一旦这些动作启动，它们往往不会被修正或调整，且意识的参与程度相对较低。人们的肌肉和关节天生具备执行这类快速动作的能力，而当人

们执行这些快速动作技能时，通常无法有意识地进行调整。在控制系统中，人们将所有独立部分及其产生动作的方式的数量称为"自由度"。对于动作执行者来说，他们的核心职责就是充分利用这些自由度，以最优化、最高效的方式完成理想的动作。

（一）动作技能的动作程序

动作程序，指的是在执行动作之前，在执行器层面上预先编排好的一系列指令。这些指令在动作执行过程中，能够根据感觉信息进行实时修正，确保动作的准确执行。动作程序反映了技能性动作的基本细节，使人们在得到反馈的情况下能够流畅地完成动作。可以说，动作程序就相当于中枢动作形式发生器，它预先确定了即将产生的动作形式，确保人们能够在需要时快速而准确地执行相应的动作。

（二）开环控制

运动技能的快速动作常常依赖于开环控制机制。开环控制是由中枢神经系统主导的一种控制模式，它负责将预先规划好的指令传递给受动器系统。这种控制方式不依赖反馈调节，因此特别适用于那些快速且分立的动作，例如排球运动中的击球和挥臂动作。开环控制系统是动作程序得以形成的基础。由于这些动作在短时间内无法完成大量的反馈调节，所以它们必须在动作执行之前就已经预设了相应的动作程序，即运动程序。这个运动程序主要由执行器和受动器两部分组成，确保动作执行快速而准确。

控制系统的工作始于输入信息的接收。这些信息经过执行器的处理，转化为动作指令，随后这些指令被传达至效应器，从而驱动动作的执行。当动作完成之际，开环系统的工作也随之告一段落。由于开环系统缺乏反馈机制，它无法检测并修正错误，也无法对动作进行实时调整。

开环控制系统接受预先设定好的与按特定方式、序列和时间编排的动作指令。一旦动作程序启动，系统会严格按照预设的方式忠实地执行这些指令，期间不会进行任何形式的修正或调整。

由于缺乏反馈环节，开环控制系统无法发现并纠正动作执行过程中可能出现的错误。这些完全程序化的动作通常具有速度快、耗时短、力量大和爆发力强的特点。它们能够在短时间内高效完成，但需要注意的是，尽管动作程序是预先设定好的，它并不能决定动作的全部内容，因为在实际执行过程中仍可能受到环境因素的影响。

## （三）闭环控制

动作控制是一个高度复杂的过程，它依赖于多种感觉信息源的精细调控。闭环控制作为一种关键的调节方式，利用反馈机制来识别并纠正动作中的误差，尤其适用于控制慢速的、需要精确调整的随意动作。

在日常生活中，闭环控制无处不在。空调系统的运作就是一个生动的例子。这个系统通过不断地比较室内实际温度与设定的理想温度，实现对室内温度的自动调节。当实际温度偏离理想状态时，系统内部的"比较器"会立即察觉到这一差异，并发出相应的指令。执行器接收到这些指令后，会指挥受动器（如空调的风扇和压缩机）进行相应的调整，直到室内温度恢复理想状态。

在人类的动作控制中，闭环控制也发挥着重要作用。以长跑比赛为例，运动员在奔跑过程中需要不断地根据视觉信息（如跑道标线和与其他运动员的相对位置）来调整自己的动作。当运动员发现自己偏离了理想路径或速度时，神经系统会迅速识别这种误差，并通过闭环控制机制来纠正。此时，神经系统会向肌肉发送精确的指令，指导运动员调整步伐、方向或速度，直到重新回到正确的状态。

另外，闭环控制中的反馈主要来源于各种感觉信息，包括外部环境提供的信息以及来自本体感觉和动觉的内部信息。这些信息与理想状态进行持续的比较，一旦发现误差，就会触发一系列的纠正动作。通过这种方式，闭环控制机制确保了动作的准确性和稳定性，使人们在各种复杂环境中都能保持良好的运动表现。

## 三、运动技能动作程序的调节与完善

### （一）运动技能动作程序的调节

人体运动系统所执行的动作程序，并非像计算机读取存储器那样机械地执行，而是展现出高度的灵活性，能够根据实时环境的细微变化进行灵活调整和完善。这种灵活性催生了"基本动作程序"的概念。基本动作程序并非针对某一具体动作而设，而是一种泛化的动作模板，它提供了一种动作执行的通用方式。这样的设计使得动作执行者能够依托这一程序框架，灵活地适应各种动作形式，并创造出丰富多样的动作变化，以应对外界环境的千变万化。

以排球运动为例，一旦掌握了排球运动的基本技术，无论采用何种准备姿势来完成垫球动作，都能展现出较高的技术水平。这正是基本动作程序灵活性的体现，它使得运动员能够迅速适应不同的比赛场景，展现出精湛的技艺。因此，基本动作程序不仅使动作执行者能够灵活适应外界环境，更为其创造了无限的创新空间。

### （二）运动技能动作程序的完善

依据基本动作程序理论，动作的时间长短、幅度大小以及参与执行的肢体和肌肉的选择等特征，均是基本动作方式的外在表现。这些外在表现被称为"参量"，意味着在动作执行过程中，它们可以根据实际需求进行灵活调整。对于动作执行者来说，在特定情境下如何精准选择并调整这些参量值，是提升技能训练水平的关键所在。

以排球运动员为例，他们在不同赛次适应比赛强度的过程，实质上就是在对动作参量进行精细调整。运动员首先接收并解析比赛现场的各种感觉信息，随后从记忆中提取出合适的基本动作程序。在这个过程中，他们需要根据现场的具体情况，对基本动作程序的参量进行灵活调整。例如，根据对手的动作、场上位置以及比赛形势等因素，运动员需要快速判断并选择适合的动作速度、幅度和方向。

运动员还会根据自身的体能状况和比赛要求，估算出执行理想动作所需的"参量值"。比如，在扣球时，为了避开对方的拦网，运动员需要选择快速而有力的扣球动作，并准确判断扣球的角度和力度。这些参量值的确定，为运动员顺利执行动作提供了有力保障。

通过不断练习和优化基本动作程序的参量，运动员能够逐渐完善自己的动作方式，更好地适应多变的比赛环境。他们对"参量值"越熟练，就越能够在比赛中表现出高水平的动作技能。因此，排球运动员在体能训练过程中不仅要注重提升各项身体素质，还要加强对动作参量的调整。只有这样，他们才能在比赛中发挥出最佳水平，取得优异成绩。

## 第三节 高校排球技术训练原理

排球技术训练是排球教学的核心内容，在进行技术训练时，会涉及几个重要的理论，本节将重点对控制论、技术迁移理论进行分析。

### 一、控制论

#### （一）控制论的基本含义

控制论的核心在于反馈原理。反馈机制是指将输出的信息（或称为给定信息）作用于被控制的对象后，其产生的实际结果会再次被收集并反馈至系统的起始端。这样的反馈信息能够用于调整和优化原始信息的输出，旨在纠正可能存在的误差，从而使整个控制系统能够高效运作，达到预期的控制目标。这是利用反馈信息来构建和优化控制系统，进而实现对事物或过程的精准调控的理论，正是反馈原理的精髓。

控制论作为一门跨学科的科学，致力于探索生命体、机器和组织内部及其相互之间的控制和通信机制。它的研究范畴广泛涵盖了工程、生物和社会等多个领域，并由此发展出了包括工程控制论、生物控制论和社会控制论在内的丰富多样的科学分支。

控制论的基本原理和方法不仅对各个科学领域具有直接的应用价值，避免了不必要的重复研究，更重要的是，它提供了一种全新的思维方式。通过类比的方法，特别是功能类比，人们可以从中汲取灵感，产生新颖的设计思想和控制方法，为各个领域的创新发展开辟了新的路径。

总之，控制论通过反馈原理实现系统的优化和控制，为科学研究、工程技术和经济管理等领域提供了重要的理论支持。

## （二）控制论在排球训练中的应用

控制论主要研究的是控制系统和反馈机制，通过输入和输出信号之间的反馈机制来控制系统的状态和行为。在排球训练中，控制论的应用主要体现在技术动作的调节和优化上。

在排球训练中，教练可以通过控制论的方法，对运动员的技术动作进行精确的分析和调整。比如，在扣球技术的训练中，教练可以通过观察和分析运动员的动作过程，找出其中存在的问题和不足之处，然后利用反馈机制，及时给出指导和建议，帮助运动员修正和优化技术动作。

控制论还可以应用于排球训练的战术层面。教练可以根据比赛中的实际情况，调整战术布局和球员的位置，以应对不同的比赛和对手情况。通过控制论的方法，教练可以更加准确地把握比赛的节奏，提高球队的竞技水平。

此外，控制论还可以用于运动员的心理调控。在排球比赛中，运动员的心理状态对比赛结果具有重要影响。教练可以通过心理训练，帮助运动员建立自信心和应对压力，使其在比赛中能够保持冷静和专注，发挥出最佳水平。

## 二、运动技术迁移

### （一）运动技术迁移的基本含义

运动技术迁移是指已经掌握的运动技能对学习新的运动技能的影响作用，主要包括促进新运动技能学习的正迁移（也称"技能的迁移"）和妨碍新运动技能学习的负迁移（也称"技能的干扰"）。正迁移是指原有的技能对新技能的学习或应用起着积极促进作用的现象。负迁移则是暂时性的，会对新技能的学习产生阻碍作用，但经反复练习即能克服。

运动技能迁移在排球训练中具有重要指导意义。例如，掌握了传球技能的运动员，在学习接发球时可能会更容易理解和应用相关技巧，这是正迁移的一个实例。另一方面，如果运动员在掌握某种技能时形成了不良习惯，这可能会干扰他们对新技能的学习，这就是负迁移的体现。

因此，在排球训练中，教练需要充分了解运动技能迁移的原理，合理安排训练内容和方法，以充分利用正迁移的积极作用，同时避免或克服负迁移的干扰。

### （二）运动技术迁移在排球训练中的应用

迁移是将一种技能带到完成另一种技能学习或应用任务中去的过程，它对于提高运动员的技能学习效率、加快技能掌握速度以及更有效地实施运动技能具有重要意义。

在排球训练中，运动员经常需要将已经掌握的技能迁移到新技能的学习中去。例如，已经熟练掌握传球技巧的运动员，在学习接发球时，可能会发现两者在动作协调、力量控制等方面有相似之处，从而更容易理解和应用接发球技巧。这就是正迁移在排球训练中的一个体现。

负迁移也是运动技术迁移的一种表现，它可能发生在运动员试图学习新技能时，受到先前掌握的技能的干扰。例如，如果运动员在掌握扣球技巧时形成了不良习惯，这可能会干扰他们学习其他类似的技巧，比如发球或接发球。但是，通过反复练习和正确指导，运动员可以克服这种负迁移，逐渐掌握新的技能。

在排球训练中，教练需要充分了解运动技术迁移的原理，根据运动员的实际情况，制订合理的训练计划，以促进正迁移的发生，减少负迁移的影响。同时，教练还需要注意运动员的心理状态，帮助他们建立信心，克服学习新技能时的困难。

# 第四章
## 高校排球技术教学方法

高校排球技术教学是培养学生排球技能的主要途径，也是高校排球教学的主要内容。本章对高校排球技术基础教学方法与多元创新教学方法的应用情况展开研究。

# 第一节　高校排球无球技术教学方法

## 一、准备姿势

### （一）技术分析

排球运动经过长时间的演变与发展，现已形成了三种主要的准备姿势。在激烈的比赛中，运动员需要依据来球的情况和计划执行相应的技术，灵活地选择最适合的准备姿势。这三种准备姿势作为高校排球教学与训练的核心内容，是每个大学生排球运动员都应该熟练掌握的基本技巧。

1.稍蹲准备姿势

稍蹲准备姿势适用于那些需要保持较高身体重心，且不需要快速移动的技术动作。当运动员预测到在接下来的比赛中不需要进行快速地横向或纵向移动时，这种姿势便成为首选。采用这一姿势时，运动员需将两脚左右分开，间距略大于肩宽，双膝微微弯曲，脚尖内收，脚跟稍提，同时两臂自然弯曲，目光专注于来球的方向。这种姿势不仅有助于运动员保持身体的稳定，还能使其快速响应并准确执行各种排球技术，确保在比赛中占据有利位置（图4-1）。

图4-1　稍蹲准备姿势

2.半蹲准备姿势

在排球运动中，半蹲准备姿势以其出色的灵活性和稳定性而备受运动员青睐，尤其在接发球、拦网以及多种传球动作中发挥着重要作用。当运动员准备以半蹲姿势击球时，他们会采取两脚左右开立的方式，或者选择一脚稍前、一脚稍后的站位，确保两脚间距略大于肩宽。此时，脚尖会微微内收，脚跟稍提，同时膝盖弯曲至约100°～110°，以便于迅速蹬地起动。与此同时，上体稍向前倾，两臂自然屈肘，双眼则紧盯着来球的方向，为接下来的击球动作做好充分的准备。这种姿势不仅有助于运动员快速响应，还能确保他们在执行技术动作时保持身体的稳定与平衡（图4-2）。

图4-2　半蹲准备姿势

3.低蹲准备姿势

在排球运动中，低蹲准备姿势被视为一种相对被动的防守姿态，它主要用于防守和各类保护动作。当运动员采取低蹲准备姿势时，对身体重心的控制尤为关键，需要确保重心尽可能降低。此时，两脚应左右分开站立，或者采取一脚稍前、一脚稍后的站位，且脚间距应宽于肩宽。同时，脚尖内收，脚跟略微提起，身体微微前倾，以确保肩肘的垂直线经过膝盖，膝部的垂直线则经过脚尖，从而保持稳定的姿势。在此过程中，双眼应始终紧盯来球，以便迅速作出反应。尽管这种姿势在进攻方面稍显被动，但在防守和保护动作中却起着举足轻重的作用，是排球运动员不可或缺的一项技能（图4-3）。

图4-3　低蹲准备姿势

（二）教学程序

（1）教学讲解环节：在此环节中，教师将详细阐述技术动作的运用目的、所发挥的作用以及具体的动作方法。通过深入讲解，帮助学生全面理解并掌握相关知识，为后续的实践练习奠定坚实的基础。

（2）教学示范环节：结合之前的讲解内容，教师将进行正确、形象且生动的技术动作示范。通过示范，学生可以直观地了解动作姿势，加深对技术动作的理解和记忆，为后续的实践操作提供有力的指导。

（3）组织练习环节：在练习阶段，教师将从原地准备姿势开始，逐步过渡到移动中的准备姿势。通过有层次的练习，帮助学生逐步掌握技术动作的要点，提高动作的准确性和稳定性。同时，教师还将根据学生的实际情况，灵活调整练习难度和进度，确保每个学生都能得到充分的锻炼和提高。

（4）纠错与总结环节：在练习过程中，教师将密切关注学生的动作表现，及时纠正错误动作，并给予针对性的指导。在练习结束后，教师将对整个教学过程进行总结，归纳出教学中的优点和不足，为今后的教学提供参考和改进方向。

## 二、移动技术

### （一）技术分析

1.概述

移动技术是排球运动不可或缺的关键环节，它为击球技术的顺利实施奠定了坚实基础。试想，如果运动员缺乏良好的移动能力，那么他们只能原地击球，这将极大地限制排球运动的多样性，使得这项运动失去魅力。因此，在高校排球教学中，移动技术的训练显得尤为重要。

2.内容

本部分重点探讨高校排球移动技术教学与训练的核心内容。

（1）起动、并步

起动是每一次移动的起点，它要求运动员在降低身体重心的同时收腹，使上体呈现前倾或侧倾的状态。紧接着，运动员需要迅速而有力地蹬地，以提升身体重心，并伴随身体前倾和双手的协调摆动，从而快速向前移动。

并步主要适用于短距离内的快速移动。在移动前，运动员两脚保持前后站立的姿势，脚间距与肩同宽，膝盖微屈，上体前倾。当需要移动时，前脚向来球的方向跨出一步，后脚迅速跟上并蹬地，为接下来的击球做好充分的准备。通过并步移动，运动员能够迅速调整自己的位置，确保在最佳时机完成击球。

（2）滑步

滑步是排球运动中的一种重要移动技巧，主要包括侧横滑步、前滑步和后滑步三种形式。这种步法通过连续的并步移动，使运动员能够迅速应对来自较远距离的球。在进行侧横滑步时，运动员需要根据来球方向，迅速而连续地向一侧进行跨步移动，确保自己始终处于最佳位置，以应对球的变化。前滑步则要求运动员身体前倾，以更快的速度向前跨步移动，从而更快地接近球的位置。而后滑步则是与前滑步方向相反的一种移动方式，同样需要运动员具备出色的协调性和反应能力。

（3）滑跳步

滑跳步，又被称为"碎步"，是排球运动中一种独特的步法。它的主要特点是步幅小而频率快，这使得运动员能够在短时间内覆盖更大的防守面积。在进行滑跳步时，运动员屈膝以降低重心，使身体更加稳定。同时，上体前倾也有助于更好地控制身体平衡。通过连续的小步幅、快频率滑动，运动员能够迅速调整自己的位置，确保在防守时能够保持最佳状态。

（4）跨步

跨步是排球中常用的简单移动技术。同侧跨步时，一脚作为中枢脚蹬地，另一脚向移动方向跨出，重心随后移至跨出的脚。异侧跨步则是跨出脚与中枢脚方向相反（图4-4）。

（5）跨跳步

跨跳步是一种在跨步基础上移动更远距离的技术。当面对来球距离较远，单纯依靠跨步无法迅速接近的情况时，运动员应果断采取跨跳步来迅速调整位置。跨跳步的关键在于利用后脚的蹬地力量使身体腾空，前脚先行落地并迅速屈膝以稳定身体重心。随后，后脚迅速跟上，进一步降低身体重心，为接下来的击球做好准备。通过跨跳步，运动员能够迅速移动更远的距离，确保在关键时刻能够及时到位，精准完成击球动作。

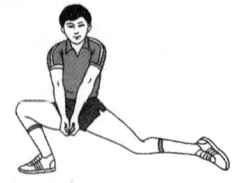 

图4-4　跨步

### （6）交叉步

交叉步是一种高效且灵活的移动技术，特别适用于需要快速改变方向的场景。在运用交叉步时，运动员需微微将身体倾向来球的方向，以便更好地调整重心和准备击球。操作时，远侧脚从近侧脚前迈出，沿着来球的方向进行交叉移动。这种步法不仅步幅大，动作迅捷，而且制动效果好，能够让运动员在短时间内快速到达击球位置。通常，在来球距离体侧约3米时，交叉步是运动员的首选移动方式。

### （7）转身

转身动作是排球运动中不可或缺的一环，它要求运动员在保持身体平衡的同时，迅速改变面对的方向。在执行转身动作时，运动员首先屈膝并稍前倾，确保重心稳定地置于两脚之间。随后，前脚碾地以启动转身动作，同时移动脚用力蹬地以提供转向的动力。在此过程中，上体随移动脚的蹬转而改变方向。完成转身动作后，碾地脚迅速向移动方向跨出以支撑身体，另一脚则迅速跟上或继续迈出，以保持身体的稳定性。

### （8）跑

跑步是一种极为高效的快速移动方式，尤其当来球距离身体较远时，它便成为运动员的首选。而在跑步的过程中，运动员可以通过改变速度来灵活调整自己的脚步，这种变速跑不仅增加了移动的灵活性，还极大地提高了效率。

除了变速跑，变向跑也是排球运动员常用的移动技巧。在跑动过程中，运动员会突然用与当前移动方向相反的脚用力蹬地，同时屈膝、脚尖内扣，并转动腰部以面向新的移动方向。随后，另一只脚会大步跨出，从而迅速改变移动的方向。

侧身跑则是另一种有效的移动方式。在这种跑法中，运动员的脚尖始终对准跑动方向，身体则向移动方向倾斜，双脚快速交替向前迈进，以保持身体的稳定性和平衡性。

### （9）制动

制动，作为移动技术的关键环节，标志着从动态到静态的平稳过渡。在排球运动中，运动员可以采用多种制动方法。无论是通过脚尖用力蹬地，还是利用身体重心的调整，都能迅速停下脚步，为接下来的动作做好充分的准备。

一步制动方法：在移动的最后阶段，需要跨出一大步来稳固身体。这一步的关键在于降低身体重心，通过膝盖和脚尖的适当内转来调整身体姿态。此时，应使用全脚掌横向蹬地，以有效抵消身体继续向前移动的惯性力。同时，借助腰腹的力量来控制上体，确保身体重心的垂直线落在脚的支撑面内，从而实现平稳而有效的制动，为接下来的动作做好准备。

两步制动方法：两步制动是一种更为稳妥的制动方式。在移动的倒数第二步时，应开始进行初步制动，为接下来的最后一步做好铺垫。跨出最后一步时，需要进行二次制动，以确保身体完全停止移动。在制动过程中，身体应稍微后倾，双膝弯曲以降低重心，增强稳定性。双脚用力蹬地，通过地面的反作用力进一步提高制动效果。这样，可以确保身体平稳地过渡到静止状态，为接下来的动作或反应提供稳定的支撑。

## （二）教学程序

### 1.教学讲解环节

在这一环节中，教师需要详细阐述移动的目的、作用以及不同种类的移动方式。同时，还要深入讲解各种移动技术的具体动作方法，以及它们与准备姿势之间的关联。

### 2.教学示范环节

在教学讲解的基础上，教师将进行边讲解边示范的教学。通过正确、形象、生动的技术动作示范，帮助学生直观地理解并掌握移动技术的要领。这样的教学方式有助于学生建立正确的动作表象，提高学习效果。

### 3.组织练习环节

练习是巩固和提高技术水平的关键环节。学生可以从徒手练习开始，逐步过渡到结合球的练习，并结合其他基本技术进行综合练习。通过层层递进的练习方式，帮助学生逐步掌握并熟练运用移动技术。

4.纠错与总结环节

在练习过程中，教师要密切关注学生的动作表现，及时发现并纠正他们的错误动作。同时，教师还会对整个教学过程进行总结，提炼出教学的重点和难点，以便学生在课后能够有针对性地进行复习和巩固。通过纠错与总结，教师可以帮助学生更好地掌握移动技术，为参加排球比赛打下坚实的基础。

## 第二节　高校排球有球技术教学方法

### 一、发球技术

发球技术作为排球运动的起始环节，具有高度的自主性和独立性，其执行完全掌握在发球者手中，无需顾虑对方。因此，运动员可以根据自身的技战术意图和场上形势，灵活选择发球方式，充分展现出个人的风格。

（一）技术分析

在高校排球技术的教学与训练中，大学生应当熟练掌握多种发球技术，以应对不同的比赛场景。以下是几种常见的发球技术及其要点。

1.正面上手发球

（1）技术特点

正面上手发球以其力量大、速度快、弧线平、落点准等特点，深受排球运动员的喜爱。这种发球方式不仅能够有效地破坏对方的接发球节奏，还能为本队创造有利的进攻机会。

(2)技术动作

在准备发球时,运动员两脚前后分开站立,以保持稳定。以左脚在前、左手持球为例,左手应置于腹前持球,准备抛球发力。当发球时,左手(或双手)平稳地将球抛至右肩前上方,同时右臂屈肘后引,使肘部与肩部保持水平,手掌形成"勺"状。此时,上体向右旋转,抬头、挺胸、展腹,并将重心转移至后脚。在击球时,两脚站稳,上体迅速向左旋转,同时含胸、收腹,并向上挥动右臂,使用全手掌击打球的后中下部。完成击球后,运动员应迅速进入场地,为下一次击球做好准备(图4-5)。

图4-5 正面上手发球

2.正面下手发球

(1)技术特点

正面下手发球以其低失误率和高准确率在排球运动中占有一席之地,尤其适合初学者。尽管它的球速相对较慢,力量较小,攻击性较弱,但正是这种稳定性使得它在特定的比赛场景中发挥着重要作用。

(2)技术动作

在准备发球时,运动员应正面朝向球网,两脚前后分开站立,左脚在前,两膝微屈,上体稍前倾,左手持球置于腹前下方,确保球的稳定性。

发球时,运动员从体前右侧腹前将球抛出,抛球的高度要适中,大约控制在离左手30厘米的位置。同时,右臂伸直并向右下方摆动,为接下来的击球做好准备。

在击球环节，右脚用力蹬地，借助地面的反作用力，右臂伸直并以肩为轴，从后下方向前上方挥摆。击球时，用全掌或掌根在体前右侧击球的后下方，确保球能够准确地飞向目标区域。

击球完成后，身体重心应跟随动作前移，保持身体的平衡。同时，运动员应迅速进入场地，为下一次击球做好充分的准备（图4-6）。

通过熟练掌握正面下手发球技术，运动员不仅能够在比赛中稳定发挥，还能在需要时运用这种发球方式为本队创造有利条件。

图4-6　正面下手发球

3.侧面下手发球

（1）技术特点

侧面下手发球以其技术动作的简洁性著称，它主要通过腰腹的协调转动来产生发球的力量。这种发球方式具有较强的稳定性，但相对而言攻击性较弱，因此特别适合排球初学者学习，以奠定坚实的技术基础。

（2）技术动作

在准备发球时，运动员应将左肩对准球网，双腿微微弯曲，上体前倾，确保身体重心居中，保持稳定。同时，左手置于腹前持球，为发球做好充分的准备。

发球时，运动员在腹前将球低抛，使球落至腹前位置，距离身体大约一臂之远。抛球的高度应控制在离左手约30厘米的位置，以确保击球的准确性。此时，右臂应伸直并向右后下方摆动，同时身体向右转动，为接下来的击球储备力量。

在击球环节，右脚用力蹬地，同时身体向左转动，并将重心迅速移至左腿。右臂应迅速向上摆动，在腹前位置用全掌或掌根击球的后下方，确保球能够顺利地飞向目标区域。

击球完成后，运动员应迅速调整身体姿势，进入场地，为下一次击球做好充分的准备。通过反复练习和掌握侧面下手发球技术，运动员可以逐渐提高发球的稳定性和准确性，为在比赛中取得优势奠定坚实的基础（图4-7）。

图4-7　侧面下手发球

4.发飘球

（1）技术特点

发飘球是一种独特的发球技术，其特点在于球在空中几乎不旋转，但会产生不规则晃动，这种晃动使得球的飞行路线和落点变得难以预测，从而给对手造成极大的困扰。由于其威力大且难以捉摸，发飘球成了排球比赛中一种极具威胁性的发球方式。

（2）技术动作

①正面上手发飘球

正面上手发飘球是排球运动中一项重要的发球技术。执行这一技术时，运动员应正对球网站立，两脚前后分开，左脚置于前方，左手负责持球。在抛球环节，与正面上手发球相比，抛球的高度应略低，且抛球方向稍微向前，以便为后续的击球做好准备。

接下来，运动员转动上体，先左转再后仰，同时挺胸、展腹、举臂后振，以积累击球所需的力量。击球时，迅速向下甩臂、收腹、含胸，同时五指并拢，用手掌的下1/3部位精准击中球的中下部。重要的是，作用力应通过球的重心，这样才能使球在空中产生不规则的晃动，增强其威力，从而给对手造成防守上的困扰（图4-8）。

通过这一连贯而精准的动作，正面上手发飘球技术得以有效实施，为球队争取进攻优势提供了有力支持。

图4-8 发飘球

②勾手发飘球

侧对球网发球时，双脚自然开立，左手在头前上方平稳抛球。与此同时，右手随着上体的右转而向右下方摆动。紧接着，通过蹬地并转动身体，挺胸展腹，手臂从后下方经过前方挥动，最终以掌根和虎口部位击球的中下部。在整个过程中，要注意保持手腕的稳定，避免弯曲（图4-9）。

图4-9 勾手发飘球

5.跳发球

（1）技术特点

跳发球是排球运动中一种极具攻击性的发球方式，它利用弹跳的力量将球从较高的位置击出。由于击球点高，使得跳发球具有极强的攻击性。然而，由于其技术难度较大，对运动员的体能消耗也较大。

（2）技术动作

在准备进行跳发球时，运动员应选取距离端线3～4米的合适位置，面对球网，右手或双手紧握球。发球时，要将球抛向右肩前上方，高度约2米，使球的落点尽量靠近端线，为接下来的击球做好铺垫。

抛球后，运动员应迅速通过2～3步的助跑起跳获得足够的起跳高度和力量。在击球的关键瞬间，运动员需要收腹、转体、起跳，并用力挥动手臂，确保两臂的摆动协调且幅度足够大，以产生最大的击球力量。

击球的动作与正面扣球的动作颇为相似，都需要运动员充分发力，准确击中球的正确位置。完成击球后，运动员应确保双脚平稳落地，并通过屈膝来缓冲身体受到的冲击，以保护自身不受伤害。

落地后，运动员应立即调整身体姿势，迅速进入场地，为下一次击球做好充分准备。跳发球的完整技术动作如图4-10所示，运动员可以通过反复练习逐渐掌握并优化这一技术，为比赛中的出色表现打下坚实基础。

图4-10　跳发球

## （二）教学程序

1.教学讲解环节

在这一环节中，教师将对每一种发球技术的动作和要点进行详细讲解。通过解析不同发球技术的适用情况和作用，使学生深入理解并掌握各种发球技术的特点。同时，教师重点强调发球技术中的抛球、击球和手法这三个关键要素，确保学生能够正确、有效地执行发球动作。

2.教学示范环节

为了使学生更直观地了解发球技术的动作要领，教师将结合讲解对每一种发球技术进行完整和分解示范。通过示范，学生可以观察到发球技术的细节和技巧，从而更好地模仿和学习。

3.组织练习环节

在练习环节，教师将按照循序渐进的原则，从徒手练习开始，逐步过渡到结合球的练习。首先，学生将在近距离进行发球练习，逐渐掌握发球的基本动作。其次，教师将增加发球的距离，让学生在更远的距离练习发球技术。再次，学生将结合网进行练习，模拟比赛场景中的发球动作。最后，进行技术性发球和战术性发球的练习，提高学生的发球水平和实战能力。

4.教学评价与纠错、改进、总结环节

在练习过程中，教师要密切关注学生的动作表现，及时发现并纠正他们的错误动作。同时，教师还将对学生的练习效果进行评价，指出他们在发球技术上的优点和不足。在纠错和改进的过程中，教师将帮助学生逐步完善发球技术，提高他们的发球水平。最后，教师将对整个教学过程进行总结，提炼出教学的重点和难点，以便学生在课后能够有针对性地进行复习和巩固。

## 二、传球技术

### （一）技术分析

排球传球技术是排球运动中至关重要的环节，其核心目的是将球精准地传递给队友，以便队友进行进攻或防守。在高校排球运动教学中，学生应当熟练掌握以下几种常见的传球技术。

1.正传球

（1）技术特点

正传球技术以高准确性和高稳定性著称，其动作流畅，易于与其他技术动作协调配合，且在实际应用中具有多种变化，能够灵活应对不同的比赛情况。

（2）技术动作

以正面双手传球为例，技术动作如下。

在传球前，运动员稍微下蹲，做好准备姿势，同时眼睛紧盯来球，判断球的飞行轨迹和速度，迅速移动到球的落点附近（图4-11）。

当球接近时，上体稍挺起，通过蹬地、伸膝和伸臂来迎接来球。在球接近额头位置时，双手迅速张开成半球形触球，双手拇指相对，形成"一"或"八"字形（图4-12），以确保能够平稳、准确地将球传递给队友。

通过反复练习和熟练掌握这些技术动作，学生能够在排球比赛中更好地发挥传球技术的作用，为球队的胜利贡献自己的力量。

图4-11 正面双手传球

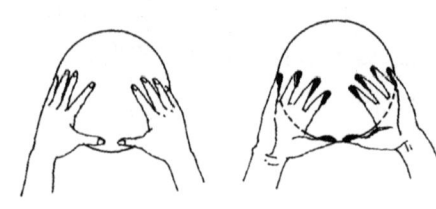

图4-12 "八"字握球

2.侧传球

（1）技术特点

侧传球技术允许球员从侧边传球，这一传球方式的优势在于传球面积相对较大，能够覆盖更广泛的区域。然而，它也存在一定的挑战，特别是在对传球方向和球的飞行路线进行控制时，需要球员具备较高的技术水平和准确的判断力。

（2）技术动作

在进行侧传球时，传球前的准备动作与正面传球相似，同样需要迎球动作和适当的手形。当传球开始时，球员需要根据出球的方向调整手臂的位置，通常出球方向一侧的手臂相对较低，而另一侧手臂则稍高一些。在击球时，球员需要蹬地、侧转身体，并伸出手臂，确保在脸部前方或稍偏一些的位置击球，并顺利将球传出。通过准确控制手臂的位置和力度，球员可以实现对传球方向和飞行路线的精确掌控（图4-13）。

图4-13 侧传球

3.背传球

（1）技术特点

背传球，指的是将球传向身体背后的方向，这一技术难度较高，但若能熟练掌握，往往能出其不意，给对手制造极大的迷惑。背传球因其特殊的传球方向，常常成为打破对手防守节奏的有效手段。

（2）技术动作

在准备背传球时，运动员采取稍蹲的姿势，身体背对传球目标，上体适当后仰，为击球做好充分的准备。其击球手法与正传球相似，但要注意击球点的位置。传球时，击球点应位于额头前方，稍偏向头顶上方。此时，运动员展腹、伸肘、蹬腿，同时手腕后仰，掌心朝上，用力击球的上部。在拇指托住球的同时，手腕要有一个后翻的动作，以确保球能够准确地传向目标。

图4-14展示了背传球的完整技术动作，通过这张图，我们可以更直观地了解背传球的技术要领。

图4-14　背传球

4.跳传球

（1）技术特点

跳传球是指运动员在跳起的过程中完成传球动作，这一技术使得击球点更高，传球方向更加多变，同时传球方式也更加灵活。跳传球可以单手或双手击球，也可以采取原地跳、助跑跳、单脚跳或双脚跳等多种方式。

（2）技术动作

以原地起跳双手跳传为例，运动员首先需要准确判断来球的方向和速度。然后，双脚用力蹬地，同时双臂上摆，帮助身体迅速上升。当身体升至空中的最高点时，运动员快速伸出双臂，主动屈指、屈腕，利用手指和手腕的弹力将球传出。图4-15展示了这一技术的完整动作，清晰地展现了运动员在空中的身体姿态和传球动作。

图4-15 跳传球

## （二）教学程序

### 1.教学讲解

在教授传球技术时，教师首先需要详细讲解传球的动作方法，包括准备姿势、迎球动作、手形以及击球点的选择等。同时，强调传球技术的要领，如身体的协调配合、击球力量的控制等。其次，还要分析传球技术的特点，如准确性高、稳定性好等，并说明其在比赛中的运用时机和重要性。通过深入讲解，使学生能够全面了解传球技术在排球运动中的地位与作用。

### 2.教学示范

为了使学生更好地掌握传球技术，教师要进行示范教学。首先，进行完整的传球技术示范，展示从准备到击球的整个过程。然后，针对各传球技术的动作细节和要领进行分解示范，特别是击球时的手上动作，教师要进行重点示范，确保学生能够清晰地看到每个动作的要领和细节。

### 3.组织练习

在练习环节，教师首先安排徒手练习，让学生熟悉传球的基本动作和流程。然后，结合球进行练习，从近距离到远距离，从简单到复杂，逐步提高练习的难度和复杂度。通过反复练习，使学生能够熟练掌握传球技术，并在实际比赛中灵活运用。

4.纠错与总结

在练习过程中,教师要密切关注学生的动作表现,及时发现并纠正他们的错误动作。同时,对学生的练习效果进行评价,指出他们在传球技术上的优点和不足。在纠错的过程中,教师要耐心指导学生改正错误,帮助他们逐步完善传球技术。最后,教师对整个教学过程进行总结,提炼出教学的重点和难点,以便学生在课后能够有针对性地进行复习和巩固。

## 三、垫球技术

（一）技术分析

垫球技术,其精髓在于利用身体与球的接触,借助身体产生的反弹力,将球准确地击出。这一技术主要依赖手臂或其他身体部位,从球的下部向上方将球垫起并反弹出去。在排球比赛中,垫球不仅是防守的基石,而且广泛应用于接发球、接扣球、接拦回球等多种场景,是应对各种复杂球况的关键技术。运动员若能熟练运用多种击球方式,垫球技术将成为他们争取得分的有力武器。

1.正面双手垫球

正面双手垫球,作为垫球技术的一种重要形式,其特点尤为突出。

（1）从技术层面来看,正面双手垫球主要属于防守技术范畴,它能够有效地弥补传球技术的不足,辅佐进攻,将被动转为主动。这一技术不仅准确率高,而且容易控制球的落点,为球队创造更多的进攻机会。

（2）在动作执行方面,正面双手垫球的击球手形主要有包拳式、叠掌式和互靠式等多种形式（图4-16）。在击球时,应确保前臂的桡骨内侧平面为触球的主要部位,以实现对球反弹方向和力度的精准控制。通过反复练习和熟练掌握这些技术动作,运动员能够更好地应用正面双手垫球技术,提升防守效果,为球队争取更多的得分机会（图4-17）。

 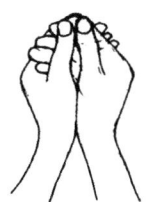 

包拳式　　　　叠掌式　　　　互靠式

图4-16　正面双手垫球手形

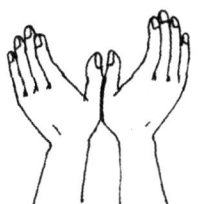 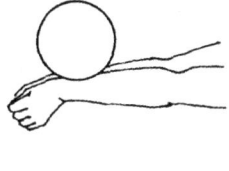

图4-17　垫球时手的触球部位

根据来球力度的不同，可以采用以下三种击球方法。

对于轻球，可以采用垫轻球的方式。首先，以半蹲或稍蹲姿势准备，眼睛紧盯来球。然后，通过蹬地、塌腰、提肩的动作，当球接近腹部前方大约一臂的距离时，迅速夹紧两臂，将手臂插入球下。接着，顶起肘部，抬起手臂，并用力压腕，以击球的后下部。最后，抬臂将球送出。

当面对中等力量的球时，采用垫中等力量球的方法。同样，以半蹲或稍蹲的姿势准备，但此时要减缓迎球的速度，保持手臂的放松状态。通过蹬地、塌腰、提肩、伸臂、压腕的动作，在腹部前方击球的后下部，并确保抬臂将球送出。

当来球为重球时，应采取垫重球的方式应对。这时，需要采用半蹲或低蹲的姿势，紧盯来球。同时，含胸、收腹，手臂随着球的到来而屈肘后撤，以缓冲球的力量。然后，垫击球的后下部，并在击球后调整重心向前移动，抬臂将球送出。

通过以上三种方法，可以根据来球的力度选择合适的击球方式，确保准确、稳定地将球击出（图4-18）。

图4-18　正面双手垫球的过程

2.正面单手垫球

（1）技术特点

该技术的显著特点在于手臂伸展范围广泛，从而提供了较大的击球区域，并且动作迅速。然而，由于触球面积相对较小，控球难度相应增大，对于精确掌控球的方向和力度有一定的挑战。

（2）技术动作

在运用此技术时，首先要准确判断来球的方向和速度。随后，积极调整步伐，特别是最后一步用右脚跨出，使身体自然地向右倾斜。此时，右臂应充分伸直，从右后下方开始，向前上方摆动，利用前臂内侧、掌根、虎口或手背精准地击球的后下部（图4-19）。

图4-19　正面单手垫球

3.体侧垫球

（1）技术特点

体侧垫球的主要优势在于其防守范围广泛，尤其在救球时发挥关键作用。不过，这项技术较难精准控制球的方向、飞行弧线以及落点，需要队员具备较高的技术水平和判断力，因此学生在学习时应加强练习才能较好地掌握该技术。

（2）技术动作

以应对左侧来球为例，首先要准确判断球的轨迹，随后右脚蹬地发力，左脚向左跨出大步，同时将身体重心移至左侧。此时，无论是单臂还是双臂，都应伸出迎球，同时挺腰、收腹，确保击球的后下部（图4-20）。

图4-20　体侧垫球

4.背向垫球

（1）技术特点

背向垫球的特点在于击球点相对较高，但这也使得队员在击球时不易观察目标，从而降低了控球性，增加了失误的风险。

（2）技术动作

以两臂背向垫球为例，当球飞过身体时，应迅速将两臂夹紧并伸直，插入球下。随后，通过蹬地、抬头、挺胸、展腹和上体后仰等一系列动作，使两臂向后上方摆动，精准地击球的前下部（图4-21）。

图4-21 背向垫球

5.跨步垫球

(1) 技术特点

跨步垫球技术动作迅速,控制范围广泛,使得队员能够迅速接近并处理来球。然而,由于击球面积较小,控制击球方向的难度相对增加。

(2) 技术动作

在实际操作中,首先要准确判断来球的方向和速度,随后积极调整步伐,通过大跨步迅速接近球。在接近球的同时,应屈膝深蹲,上体前倾,确保两前臂伸直。最后,利用前臂的力量击球的后下部,将球稳定垫起(图4-22)。

图4-22 跨步垫球

6.低姿垫球

（1）技术特点

低姿垫球技术适用于应对那些飞行高度较低、速度迅猛且逼近身体的来球。其独到之处在于它卓越的控球性能，使运动员能够实现对球的方向与力度的精细操控，从而达到更高的击球精准度。

（2）技术动作

① 低位蹲姿垫球技巧

以双手垫球为例，运动员首先需要精准预判球的落点，随后迅速调整身体位置以迎击来球。在接球的过程中，降低身体重心显得尤为重要，运动员应使前腿屈膝向外展开，后腿则发力蹬伸。同时，双臂应迅速贴近地面并插入球下，以确保稳定地将球垫起，实现精准的击球控制（图4-23）。

图4-23 低姿垫球

② 半跪垫球技巧

在进行半跪垫球时，运动员需在掌握低蹲垫球的基础上，进一步将重心前移，使上体前压，并塌腰、塌肩以保持身体稳定。此时，后腿膝内侧和脚弓内侧应着地作为支撑点，双臂紧贴地面迅速插入球下，并通过翘腕的细微动作将球稳定垫起。

③ 全跪垫球方法

运动员需准确预判来球方向，并迅速调整身体位置以迎接球。在全跪垫球的基本姿势下，上体需前压，两膝的垂直投影应超过脚尖，膝内侧着地作为支撑点。同时，双臂应迅速插入球下，利用小臂、虎口或翘腕的精细动作，精准地将球垫起。

7.前扑垫球技术

（1）技术特点

前扑垫球技术具有较大的防守控制范围和较强的适用性，同时其简单易学的特点使学生能够迅速掌握并应用于实战中。该技术使球员能够灵活应对来自不同方向和角度的来球，为球队提供强大的防守保障。

（2）技术动作

①应对较近来球

在面对距离较近的来球时，球员需保持半蹲姿势准备接球，上体前倾，前脚掌用力蹬地，身体迅速向来球方向伸展扑出。同时，双臂伸直并迅速插入球下，通过提肩、抬臂的动作，以稳定的力量将球精准垫起（图4-24）。这一动作要求运动员具备良好的预判能力和身体协调性，以确保成功应对近距离的来球。

图4-24　前扑垫球技术之应对较近来球垫球

②应对较远来球

当来球距离较远，双手难以触及时，运动员可采取单臂前扑垫球的策略。此时，运动员需将手臂充分前伸，利用手背、虎口或小臂的部位准确击球下方。与此同时，另一只手臂屈肘撑地，以保持身体稳定。击球完成后，击球侧的手臂与胸腹部位应着地滑行，以有效维持身体平衡，防止因惯性造成的摔倒或失衡（图4-25）。这一技术动作要求球员具备出色的预判能力和身体控制能力，以确保在远距离来球的情况下也能准确应对。学生应在具备一定的排球技能基础之后，再学习该项技术。

图4-25 前扑垫球技术之应对较远来球垫球

8.鱼跃垫球

（1）技术特点

在排球运动中，鱼跃垫球技术常用于应对低飞、远距的来球，当运动员来不及移动到来球落点时。该技术控制范围大，但动作较难掌握，对运动员的灵敏性和协调性要求较高。

（2）技术动作

运动员在比赛中要准确判断来球的方向和速度，迅速作出反应。在做好半蹲准备的基础上，积极移动步伐，以便更好地迎接来球。当判断好来球的落点后，运动员应迅速利用前脚掌的力量蹬地，通过助跑或原地跃出，迅速接近球的位置。

在接近球的同时，运动员需要充分伸展身体，前伸手臂，准备击球。在击球时，应使用手背、虎口或前臂的合适部位将球垫起，确保球能够准确地反弹到目标位置。击球后，双手应及时在体前着地支撑，屈肘缓冲，以减轻身体受到的冲击力，并保持身体的平衡。

通过这一系列连贯而精准的技术动作，运动员能够有效地控制球的反弹方向和力度，为球队创造更多的进攻机会或防守优势。

9.挡球

（1）技术特点

挡球技术具有击球力量大、球的可控性强的特点，特别适用于应对高度高、速度快、力量大的来球。

（2）技术动作

①单手挡球

运动员应准确判断来球，积极移动，主动伸臂。在头部上方或侧上方用力击球，以确保球能够按照预期的方向和力度飞出（图4-26）。

图4-26　单手挡球

②双手挡球

面对来球，球员将手臂上举，屈肘、肘部朝前，手腕后伸。在脸额或两肩的前上方，以手掌外侧和掌根所组成的平面挡击球的后下部，将球向前上方挡起。通过双手的协调配合，确保球的飞行轨迹和力度符合预期（图4-27）。

图4-27　双手挡球

## （二）教学程序

1.教学讲解

在教学过程中，首先需要对垫球技术的动作方法、技术要领及其在比赛中的应用进行准确、全面的讲解，使学生能够深入理解并掌握垫球技术的核心要点。

2.教学示范

教师先进行完整的垫球技术动作示范，然后再进行分解示范，确保学生能够从各个角度和侧面观察并学习技术动作。在示范过程中，特别要注重手臂动作的准确性和规范性。

3.组织练习

在练习环节，应从徒手练习开始，逐步过渡到结合球的练习，并结合其他技术进行综合性的练习。通过反复练习，使学生能够熟练掌握垫球技术，并在实际比赛中灵活运用。

4.客观评价与教学总结

在练习结束后，教师对学生的练习情况进行客观评价，指出存在的不足，提出改进方法。同时，对整个教学过程进行总结，提炼出教学的重点和难点，为后续的教学提供参考和借鉴。

## 四、扣球技术

### （一）技术分析

1.正面扣球

（1）技术特点

扣球技术具有高准确性，运动员在比赛中能够灵活调整扣球路线、力量以及落点，以应对不同的赛场情况。

（2）技术动作

①正面扣高球

正面扣高球是一项需要精准技巧与高度协调性的排球技术。运动员在准备扣球时，会采取稍蹲的姿势，为接下来的动作做好预备。随后，运动员进行助跑，两臂从体侧向后引，积极上摆，以积蓄足够的力量。双腿蹬地起跳，这是扣球动作的关键一步，需要运动员充分发挥腿部力量。

在起跳过程中，运动员挺胸、展腹，上体稍向右转，右臂在后上方屈臂抬起，整个身体形成反弓形，这样的姿势有助于更好地发力。扣球时，运动员收腹发力，肩、肘、腕形成鞭打动作，向前上方挥臂，五指微张成勾形，全手掌包满击球的后中部，确保球能够以最大的力量和准确度飞向对方场地。

扣球结束后，运动员前脚掌先着地，屈膝缓冲，以维持身体平衡，避免因冲击力过大而失去平衡。这一系列连贯而精准的动作，展现了正面扣高球技术的精髓，为球队争取得分提供了有力支持（图4-28）。

图4-28　正面扣高球

②单脚起跳扣球

此技术中，助跑的最后一步运动员以单脚蹬地，另一只脚积极向前上方摆动起跳，这样的起跳方式能使运动员冲得更远、跳得更高。起跳后，扣球动作与正面扣球基本相似，确保击球的准确性和力量（图4-29）。

图4-29　单脚起跳扣球

③双脚冲跳扣球

双脚冲跳扣球的助跑动作与正面扣球相似，通过两步助跑，并在最后一步蹬跳时，双脚用力蹬地，使身体迅速腾起，同时抬头、挺胸、展腹、弓背。击球时，快速收腹，挥臂，手腕推压，以全力击中球的后中部（图4-30）。

图4-30　双脚冲跳扣球

2.勾手扣球

（1）技术特点

勾手扣球是一种能够显著改变球的方向的技术，其力量大，常常能够直接过网得分，是比赛中重要的得分手段。

（2）技术动作

起跳前的准备动作与正面扣球相似。跳起后，运动员上体后仰或右转，右肩下沉，同时挺胸、展腹，手臂伸直，掌心向上，手张成勺形。在击球时，转体、收腹，直臂由下经体侧向上划弧，最终在头前上方用全手掌击球的后中部（图4-31）。

图4-31　勾手扣球

（二）教学程序

1.教学讲解

在教学过程中，首先通过讲解让学生明确扣球技术的概念、要领、特点及其在比赛中的作用，确保学生对该技术有全面的了解。

2.教学示范

教师先进行完整的扣球技术动作示范，让学生对整个技术流程有直观的认识。随后，再进行分解示范，详细展示各个动作环节的细节，帮助学生更好地理解和掌握技术要点。最后,再次进行完整技术动作示范,使学生能观察和掌握正确的扣球技术动作。

3.组织练习

在练习阶段,首先安排学生进行挥臂击球与起跳的基本练习,以夯实基础。随后,逐渐过渡到扣定点球和扣一般弧度球的练习,让学生在实践中逐步掌握扣球技术。

4.教学评价、纠错、总结

在练习结束后,教师对学生的练习情况进行评价,指出存在的问题和不足,并提出针对性的纠错建议。同时,对整个教学过程进行总结,提炼出扣球技术的重点和难点,为后续的教学提供参考。

## 五、拦网技术

(一)技术分析

在排球运动中,运动员利用腰部以上部位在近网区域阻止对方击球过网,我们称之为拦网技术。拦网技术包括单人拦网、双人拦网、三人拦网等形式。

1.单人拦网
(1)技术特点
单人拦网的技术特点主要体现在起跳的灵活性和防守的迅速性,这使得运动员在面对进攻时能够迅速作出反应。然而,由于只有一人参与,其防守面积相对较小,需要运动员有极强的预判和反应能力。
(2)技术动作
在进行单人拦网时,运动员首先需要面对球网,保持与网30~40厘米的距离。在比赛中，运动员应密切关注场上情况，根据球的飞行轨迹和对手的动作积极移动位置。当判断好时机后，运动员屈膝、蹬地起跳，以达到最佳的拦网高度。在腾空过程中，两手从额前平行于球网向上伸出，直臂、提肩，使两臂保持平行。当两手接近球时，应自然张开，形成勺形，以便更好地覆盖球。最后，手腕用力覆盖球的前上方，完成拦网动作（图4-32）。

图4-32　拦网技术

2.双人拦网

（1）技术特点

双人拦网具有较广的拦网范围，能更有效地封锁对方的攻击线路。然而，若配合不当，也容易出现漏拦或两人之间互相干扰的情况。

（2）技术动作

在双人拦网中，通常选择距离扣球点较近的队员作为主拦队员，另一人则作为配合队员。两人的拦网技术动作与单人拦网基本相同，但更强调配合与协同。主拦队员应积极判断球的飞行轨迹，并果断起跳；配合队员则应根据主拦队员的动作及时调整自己的位置和起跳时间，确保两人之间形成有效的拦网屏障。

需要注意的是，双人拦网时，两人之间的距离控制至关重要。距离过远可能导致"空门"出现，使对方有机可乘；距离过近则可能互相干扰起跳，影响拦网效果。此外，还应避免手臂在空中重叠，以免打手出界。

3.三人拦网

（1）技术特点

三人拦网能够形成更大的拦网面积，有效遏制对方的攻势，甚至创造反击机会。但与此同时，由于人数增多，相互之间的配合和协同难度也相应增大，容易相互干扰和配合失误。

（2）技术动作

在三人拦网中，通常选择中间的队员作为主拦队员。主拦队员应积极判断球的飞行轨迹，并果断起跳进行拦网。两侧队员则迅速移动到位，及时起跳，并与主拦队员形成有效配合。在拦网过程中，三人应保持默契的配合，确保拦网动作的协调性和连贯性。

（二）教学程序

1.教学讲解

在教学过程中，首先向学生详细讲解拦网技术的动作方法、技术要领、运用时机以及实施作用。通过生动的语言描述和实例分析，帮助学生全面理解拦网技术的重要性和运用方法。

2.教学示范

采用完整示范与分解示范相结合的方式，向学生展示拦网技术的完整流程和关键环节。同时，利用图片和影像资料辅助教学，使学生更加直观地了解拦网技术的动作细节和注意事项。

3.组织练习

根据学生的实际情况和教学进度，组织学生进行单人拦网、双人拦网，以及三人拦网的练习。通过反复练习和逐步增加难度，帮助学生熟练掌握拦网技术，并能够在比赛中灵活运用。

4.评价与总结

在练习结束后,对学生的表现进行评价,指出存在的问题和不足,并提出改进建议。同时,对整个教学过程进行总结,梳理教学重点和难点,为后续的教学提供参考和借鉴。

# 第三节 高校排球攻防对抗教学方法

## 一、发球与接发球进攻对抗

### (一)发球

发球,作为攻方的第一回合动作,对比赛进程起着至关重要的导向作用。在现代排球运动中,进攻意识尤为重要,发球环节更是强调先发制人的威力。众多世界强队不惜冒着发球失误的风险,力求通过发球直接得分或破坏对方的一传,从而为本方防守减轻压力。在比赛节奏平稳的情况下,通常遵循这样的顺序:发球→接发球→二传→扣球→拦网,之后可能是拦网→保护→二传→扣球,或者拦网→后排防守→二传→扣球。然而,当发球方展现出高质量的发球(即攻击性强)时,比赛进程往往会有所不同。以甲乙双方攻防为例,可能出现甲发球→乙接发球→甲拦网(或扣"探头球")→乙防守,或者甲发球→乙接发球→甲接传、垫球(接对方直接过网或无法进攻的球)→甲二传→甲扣球等变化。

### (二)接发球站位

接发球站位是排球比赛中的重要环节。其中,5人接发球站位阵形是基本形式，除一名二传队员站在网前或由后排插上队员不接发球外，其余5名队员都可能担任一传角色。根据战术需要和对方发球情况，这种站位阵形可以有多种变化。

（1）"M"形站位，即"一二一二"站位，前排两名队员负责前场区，中间队员防守中区，后排两名队员防守后区。

（2）"W"形站位，也称"一三二"站位，五名队员分布相对均衡，每人负责的接发球范围缩小，前排三名队员接前区球，后排两名队员接后区球。

（3）"一字"形站位，五名队员一字排开，左右距离较近，每人负责一条线路。

（三）接发球后进攻

接发球后的进攻是排球比赛中至关重要的环节，常见的进攻阵形有"中一二"和"边一二"两种。

（1）"中一二"进攻阵形简单有效，主要通过4号位和2号位队员的定位进攻实现。进攻方式包括集中或拉开进攻、平拉开扣球，以及背半高球等。此外，还可以采用一点定位，另一点跑动换位进攻的策略，或者两点跑动进攻，如2号位队员跑动至3号位队员体前打快球，同时4号位队员打平拉开。

（2）"边一二"进攻阵形灵活多变。定位进攻时，二传队员可以将球传给3号位或4号位队员进行集中或拉开进攻。同时，也可以采用一点定位，另一点跑动换位进攻的方式，或者两点跑动进攻，如4号位与3号位队员交叉进攻或围绕跑动进攻。

此外，还有前排三点进攻及立体进攻等战术。后排二传插上组织进攻可以充分利用快速多变的战术，调动组织多点进攻，包括前排的三点进攻和后排的立体进攻。后排进攻与前排进攻相结合，使得比赛中的进攻更加激烈。

在进攻中，还有一种特殊的战术是两次球进攻及其转移进攻。两次球进攻是指前排二传手在组织进攻的过程中，利用合理的角度和弧度，将传球改为吊球或扣球动作，直接攻击对方场地，达到出奇制胜的效果。而转移进攻则是二传手或其他队员在空中假装扣球晃骗对方拦网队员起跳，然后突然改变动作将球传给其他队员进行进攻。

## 二、扣球与接扣球进攻对抗

扣球与接扣球进攻对抗，是一种精妙而紧张的对决形式。一方猛烈扣球，而另一方则迅速反应，通过拦网、后排防守、调整传球（垫球）以及扣球等环节进行接扣球进攻。在这一连串的环节中，拦网作为第一道防线，起到至关重要的作用；后排防守则是反攻的基石，为接下来的进攻创造机会；二传或调整二传则是组织进攻的关键桥梁，将球队的进攻串联起来；而最后的扣球，更是决定反击成败的关键一击。

### （一）拦网

拦网，作为排球比赛中不可或缺的关键防守环节，其实施形式丰富多样，包括单人拦网、双人拦网乃至三人拦网等。而在实际操作中，拦网的布局与变化更是考验球队智慧和协作能力。球队需要根据对手的进攻阵形和策略来灵活调整拦网的站位和配合。

1.根据对方不同的阵形，采取不同的拦网站位与配合

例如，当对方采取"中一二"进攻形式时，我方2、4号位队员应紧密盯防对方的进攻队员，确保站位合理。而3号位队员则需密切关注对方的二传情况，根据局势迅速调整位置，或与2、4号位队员协同作战，形成有效的双人拦网。

若对方采用"边一二"进攻形式，我方4号位队员则需灵活调整，适当向3号位靠拢。这样一来，当对方从3号位发动进攻时，我方4号位队员能够迅速与3号位队员形成双人拦网，有效封锁对方的进攻路线。

而当对手运用"插上"进攻这种更为复杂的战术时，我们的防守策略就

需要更加精细和灵活。此时，我们应基于人盯人拦网的原则，紧密关注对方的一传、二传情况，以及进攻队员的特点和习惯。通过深入分析和判断，我们力求精准捕捉对方的进攻点，并据此组织起高效的集体拦网，为球队赢得宝贵的防守机会。

总之，拦网作为排球比赛中的一项重要技术，其成功与否往往决定了比赛的胜负。因此，球队必须根据对手的实际情况，灵活调整拦网的布局和配合，以取得最佳的防守效果。

2.根据对方不同的进攻打法，采取不同的拦网战术变化

在攻防对抗中，当面对定位进攻及一般进攻配合时，可以采用人盯区的拦网战术。在这种战术中，每个队员负责一个区域，确保每个进攻点至少有一名拦网队员进行防守。同时，在可能的情况下，还需协助同伴组成集体拦网，形成更加严密的防线。此外，人盯人战术也是一种有效的拦网方式。在这种战术中，三名防守队员各自负责盯防对方的三名进攻队员，进行固定人员的对称防守，从而有效地限制对方的进攻。

通过灵活运用这些拦网战术，球队可以更好地应对对方的进攻，为接下来的反攻创造有利条件。同时，这也需要球员们具备出色的判断力和反应速度，能够在比赛中迅速做出决策并付诸行动。

（二）接扣球防守战术阵形

1.单人拦网时的防守阵形

在单人拦网的防守阵形布置中，我们需要紧密关注扣球队员的位置变化，并据此作出灵活的调整。若对方4号位队员发起进攻，我方2号位队员将迅速上前执行单人拦网任务，以尽可能封锁对方的扣球线路。同时，3号位队员及时后撤，以防对方采取吊球战术，而4号位队员也将后撤，与后排的三名队员共同构成一个半弧形的防守圈，确保防守有效。

此外，当确定由3号位队员固定执行拦网任务时，无论对方从哪个位置发动进攻，3号位队员都将坚守岗位，进行单人拦网。此时，2号和4号位队员会迅速后撤，与后排的队员紧密配合，共同构建起一个稳固的防守体系。

这样的防守阵形既能够针对对方的进攻点进行有效拦防，又能够确保整个防守区域的覆盖面广泛，减少对方的得分机会。

2.双人拦网时的防守阵形

双人拦网时，防守阵形主要分为边跟进和心跟进两种。

（1）边跟进防守阵形是目前广受欢迎的防守方式。其布局变化多端，包括活跟、死跟、内撤和双卡等策略。活跟适用于对方扣球路线多变，打吊结合的情况，1号和5号位队员需根据形势灵活决定是否跟进。死跟则适用于对方扣球直线少，吊球多的场合，此时1号和5号位队员可跟到底线防守。内撤策略用于对方扣球直线多且常有吊球时，4号和2号位队员需内撤以防范吊球。而双卡则适用于对方以吊球和轻打为主，且我方拦网能力较强时，4号位内撤与1号位跟进共同防守前排吊球。

（2）心跟进防守阵形，也被称为"6号位跟进"防守阵形。当对方频繁采用打吊结合战术，而我方拦网能力较强，能封锁后排中场时，此阵形尤为适用。6号位或其他善于防吊的队员可积极参与防守。

3.三人拦网时的防守阵形

当对方扣球队员攻击性强、路线变化多且吊球较少时，可采用三人拦网防守阵形。此时，6号位队员需压底，1号和5号位队员则突前，便于防守两侧的重扣和拦网弹起的后场球。另一种分工是6号位队员跟进防守，而1号和5号位队员压到后场防守，这种布局下两人负责后场防守，跟进的队员则负责接应和组织进攻。

4.不拦网的防守阵形

当对方扣球较弱或进攻时离网较远时，无需进行拦网。此时，前排进攻队员可撤至进攻线后，既准备防守前排的球又便于组织反攻。二传队员则留在网前。

### （三）后排防守与反击进攻

后排防守关键在于二传队员（或其他调整传球队员）的准确调整，将球精准传送至扣球队员最佳进攻位置。若条件允许，应尽量组织起快速多变的进攻，以其在局部形成人数优势，具体的进攻策略可参考接发球后的进攻战术。然而，接扣球进攻往往比接发球进攻更为复杂，后排防守后的反攻扣球常面临来球位置不佳和对方多人拦网的挑战，突破难度显著增加。因此，扣球队员需充分运用个人技巧，如高空优势、力量压制和巧妙智取等，从而将后排防守后的反攻从被动转为主动。

## 三、拦网与接拦回球进攻的对抗

在拦网与接拦回球进攻的对抗中，当拦网方成功拦到扣球时，球的飞行路线依然处于原先扣球方的控制范围内。接拦回球的阵形布置需综合考虑本方的进攻战术、双方实力对比以及参与拦网的队员人数。通常情况下，接拦回球的阵形可分为5人、4人等不同配置，以灵活应对各种场上形势。

### （一）5人接拦回球阵形及其变化

1. "三二"阵形

当以4号位作为进攻点时，5号和6号位队员需向前移动，形成第一道防线的前沿。同时，3号位队员需向左后方移动，以加强侧翼的防守。而2号位队员则内撤，与1号位队员一同向左侧移动，构成第二线的防守布局。这种阵形在对方拦网队员身高较高，且球的落点常集中于近网区域时尤为适用。

2. "二二一"阵形

在此阵形中，3号和5号位队员主要防守网前区域，而6号和2号位队员则构成第二道防线。1号位队员则负责防守后区，形成深度的防守层次。当对方拦网的落点较为分散时，这种阵形能够充分发挥其优势。

3."二三"阵形

该阵形的第一道防线与"二二一"阵形相同，但1号位队员会从后区上前，与其他两名队员一同参与中场防守，形成更为紧密的防守网。这种阵形在对方拦网力量相对较弱时，能够更有效地组织起防守。

### （二）4人接拦回球阵形及其变化

当本方进攻时，若后排队员需要插上作为二传，或前排队员执行快球掩护任务，那么能够参与接拦回球的队员将减少至四人。例如，当1号位队员作为插上二传，将球传给2号位队员执行背快球进攻时，二传队员可能因转身不及而无法及时参与拦回球的防守。再如，当4号位队员进行扣球，而3号位队员执行快球掩护时，3号位队员也可能因来不及后撤而无法参与拦回球的防守。在这些情况下，需根据场上实际情况灵活调整防守阵形，确保防守的连续性和有效性。

## 四、其他攻防对抗场景

当对方由于战术调整或球员技术限制，无法组织起有效的进攻，而采用传球或垫球的方式将球轻松送过网时，或是因球的位置不佳导致攻击性减弱，这类来球通常威胁性较小。面对此类情况，我方可以更加从容地进行准备，对于高水平球队而言，这正是组织进攻并争取得分的有利时机。由于这种情况较为常见且策略相对固定，故此处不再赘述。

在其他攻防对抗场景中，可以以甲、乙两方来代表攻防双方，并列举出多种不同的对抗方式。例如，甲方发球，乙方接发球后组织进攻；乙方接发球后，因球的位置不佳而选择将球处理过网；乙方在接发球后，通过处理网上的球（包括扣球和吊球）来发起进攻，甲方则进行拦网；又或是乙方接发球后,甲方扣出"探头球",乙方进行拦网并由后排队员进行防守。此外,还可能出现某一方击球后,甲乙双方在网上同时击球,随后双方球员进行保护并再次组织进攻等复杂多变的场景。

这些场景展示了排球比赛中攻防对抗的多样性和不可预测性,要求球员具备全面的技术和灵活的战术应变能力。通过不断练习和磨合,球队可以在这些场景中找到最佳的应对策略,从而提高比赛的胜算。

## 第四节 多元创新教学方法在高校排球技术中的应用

### 一、节奏控制教学法在排球技术教学中的应用

排球运动以其独特的节奏美感成为体育竞技中的一道亮丽风景线。节奏,作为排球运动的一个主要特征,不仅贯穿于比赛的始终,也深刻影响着技术教学的成效。节奏控制教学法,结合传统教学法,通过摄影、数据模型等手段,对排球正面上手发球技术教学具有重要意义。

(一)节奏控制教学法与排球技术的深度融合

排球课作为高校体育教育的重要组成部分,其教学方法的选择对于培养学生的排球技能具有举足轻重的意义。在众多的教学方法中,节奏控制教学法以其独特的教学理念和实践效果,逐渐受到广大师生的青睐。

节奏控制教学法,作为一种新型的教学方法,强调在教师的专业引导下,紧密结合运动技能形成机制,通过精准控制教学节奏,实现教学效果的最优化。这种教学法不仅注重技能的传授,更重视学生对技能内在节奏的领

悟和把握，旨在培养学生的综合素质和自主学习能力。

在排球正面上手发球技术教学中，节奏控制教学法的应用显得尤为重要。发球技术的掌握，关键在于对节奏的精准把握。从抛球开始到挥臂击球，每一个环节都需要学生具备敏锐的时间感和空间感。通过节奏控制教学法，教师可以帮助学生更好地领悟这些技术环节的内在节奏，掌握技术的精髓和要领。

在实际教学中，可以采用多种手段来实施节奏控制教学法。首先，通过示范教学和讲解演示，让学生初步了解发球技术的动作要领和节奏特点。然后，利用节奏训练器材和摄影记录设备，对学生的技术动作进行精确的分析和反馈。同时，我们还应注重与学生的互动和沟通，引导他们积极参与教学过程，主动思考和探索技术动作的奥秘。

通过节奏控制教学法的实施，能够使学生在排球正面上手发球技术方面取得显著的进步。他们不仅能够掌握技术的要领，还能够在实践中自如地运用技术，展现出良好的节奏感和运动技能。同时，这种教学方法也激发了学生的学习兴趣和积极性，提高了教学效果和教学质量。

总之，节奏控制教学法在排球课中的应用具有重要的现实意义。它不仅能够帮助学生更好地掌握排球技能，还能够培养他们的综合素质和自主学习能力。

## （二）节奏控制教学法的实践探索

在实际教学中，教师应采取节奏控制教学法与传统教学法相结合的创新方式，旨在为学生提供更加全面、深入的学习体验。这种综合性的教学方法不仅继承了传统教学的优点，还融入了节奏控制教学法的先进理念，能够使教学效果得到显著提升。

为了更直观地展现学生的技术动作，可以采用摄影技术来记录学生的练习过程。通过摄影记录，可以清晰地观察到学生技术动作的细节，包括动作的连贯性、协调性以及节奏感等。同时，利用数据模型对这些技术动作进行深入分析，挖掘出技术动作的节奏特点，为学生提供有针对性的指导。

在分析过程中，教师应特别注重帮助学生建立正确的技术动作表象和节奏感。通过对比标准动作与学生的实际动作，可以找出学生在技术动作上的不足之处，并提出具体的改进建议。同时，还应通过示范教学、讲解演示等方式，引导学生感受和理解正确的技术动作节奏，使他们能够更好地掌握正面上手发球技术的节奏与要领。

### （三）节奏控制教学法的推广价值

节奏控制教学法作为一种创新的教学方法，在排球正面上手发球技术教学中取得了显著成效，但其成功应用的价值远不止于此。实际上，这种方法对于排球运动中的其他技术环节，甚至是其他体育项目的教学，都具有不可忽视的借鉴意义。

在排球运动中，除了正面上手发球技术，还有许多其他关键的技术环节，如传球、扣球、拦网等。这些技术同样需要运动员对节奏有精准的把握。节奏控制教学法的核心就在于通过合理的节奏训练，帮助运动员找到最佳的发力点和动作节奏，从而提升技术动作的准确性和效率。因此，将节奏控制教学法应用于这些技术环节的教学中，同样能够取得良好的效果。

通过推广节奏控制教学法，不仅能够帮助学生更好地理解和掌握排球运动的节奏规律，提升他们的运动技能水平，还能够培养他们的综合素质。这种教学方法注重培养学生的节奏感、协调性和反应能力，有助于他们在排球运动中更加自如地展现自己的技能。

总之，节奏控制教学法是一种有效的教学方法，它不仅能够为高校排球课教学提供有力的支持和指导，还能够为其他体育项目的教学提供有益的启示。

## 二、渐增网高在排球扣球技术教学中的应用

### （一）渐增网高在排球教学中的运用原理

扣球作为排球运动中的核心技术，不仅要求球员具备良好的身体素质和

技巧，更需要在实战中灵活运用，以应对瞬息万变的比赛情况。因此，在排球教学中，扣球技术的训练显得尤为重要。而渐增网高作为一种创新的教学方法，其运用在排球教学中具有独特且深远的意义。

扣球技术的掌握需要经历一个由易到难、循序渐进的过程。初学者往往难以适应过高的网高，容易造成动作变形或力量不足等问题。通过逐渐增高网高，我们可以帮助学生逐步适应扣球动作，并在每一个阶段都达到最佳的训练效果。这种渐进式的教学方法有助于学生在掌握基本动作的基础上，逐渐挑战更高难度，从而更好地适应比赛的需求。

渐增网高的教学方法遵循了运动技能形成的自然规律。运动技能的形成是一个逐步积累、逐步深化的过程，需要经历从感知到理解、从模仿到创新等多个阶段。通过调整网高，可以帮助学生逐步建立正确的扣球动作模式，并在不断实践中加深对扣球技术的理解。这种教学方法不仅有助于提高学生的技术水平，还能够培养他们的创新能力和比赛适应能力。

渐增网高的教学方法为排球教学训练的理论与方法注入了新的活力。传统的排球教学方法往往注重技术动作的规范性和重复性，而忽略了学生的个体差异和训练过程中的阶段性变化。通过渐增网高的教学方法，可以更加灵活地调整训练计划，根据学生的实际情况进行有针对性的指导。同时，这种方法还能够激发学生的训练热情，提高他们的积极性和参与度，从而取得更好的训练效果。

## （二）渐增网高在排球教学中的实际应用

在排球教学的实际过程中，渐增网高的方法被广泛应用，并取得了显著的教学效果。这一方法巧妙地将教学难度与网高相结合，形成了一个由低到高、由易到难的教学体系，使得学生在逐步适应和克服挑战的过程中，自然而然地提升了扣球技术水平。

具体而言，在实际应用中，教师会根据学生的实际情况和技术水平，设定初始的网高。随着学生技术水平的逐渐提高，网高也会相应地进行调整，以增加技术难度。这样的教学方式不仅符合排球教学的循序渐进原则，也符合运动技能形成的规律。通过不断的实践和挑战，学生能够逐渐适应更高的网高，从而更好地掌握扣球技术。

实践表明，采用渐增网高教学方法的实验组学生，对扣球技术的掌握和应用明显优于对照组。这不仅证明了渐增网高在扣球技术教学中的可行性和有效性，也进一步凸显了这种教学方法在提高学生技术水平方面的显著作用。

此外，渐增网高的教学方法还有利于发挥学生在教学中的主体作用。通过逐步增加网高，教师可以有效调动学生的学习积极性和主动性，使学生在面对挑战时能够更加努力地去克服困难、提升技术水平。这种教学方式不仅能够加速学生对扣球技术的掌握，还能够进一步提升教学质量和效果。

# 第五章

# 高校排球技术实战运用指导

排球技术教学要在实战中应用才能检验其效果。而且，只有在实战中教学，学生才能更加深刻地体会技术的原理和精妙之处。本章将选择排球技术中几个重点内容的实战运用进行讲解。

# 第一节　准备姿势与移动技术的实战运用

## 一、准备姿势的实战运用

准备姿势在排球运动中扮演着至关重要的角色，它是构建整个战术体系的基础，也是每个队员必须掌握的基本技能。无论是主攻手、副攻手还是二传手，甚至是后排的自由防守人，都不能忽视。准备姿势不仅关乎个人技术的发挥，更与整个团队的协作和战术执行紧密相连。

在排球比赛中，每个队员的动作都是相互关联、相互影响的。当本方发球时，前排的队员需要迅速调整位置，准备拦网或扣"探头球"，而后排的队员则需要立即进入防守状态，随时准备接应对方的进攻。这种默契的配合和快速的反应能力，正是建立在良好的准备姿势与移动技能之上的。

在一传接球或防守时，其他队员也需要同步进行保护与接应。这要求队员们在具备稳定接球能力的同时，还要有敏锐的观察力和快速的反应速度，能够准确判断球的落点，并及时调整自己的位置。

当二传后排插上时，相邻的队员需要特别注意站位问题，避免位置重叠或错位，以确保二传手能够顺利地组织进攻。而拦网时，不参与拦网的队员则需要迅速后撤，进行防守或保护，以防止对方利用空当得分。

在二传组织进攻时，所有进攻队员都需要积极准备扣球，而其他队员则需要随时准备保护，防止对方打"探头球"或直接得分。这种全队的协同作战能力，正是需要准备姿势与移动的连贯性和高效性作保障。

此外，当同伴在救球时，周围的队员也需要迅速调整位置，准备完成下一次击球。这种默契的配合和快速的反应能力，不仅体现了队员的个人素质，更彰显了整个团队的协作精神。

在双方队员网上对抗时，由于网口是焦点，球附近的队员会较多。这时，每个队员都需要明确自己的任务，避免相互干扰或发生碰撞。这要求队员们具备高度的专注力和判断力，能够在紧张的比赛中保持冷静，并做出正确的决策。

## 二、移动技术的实战运用

在实战中，移动技术的运用显得尤为关键，它贯穿于排球比赛的始终，无论是进攻还是防守，移动都是不可或缺的技术动作。移动技术掌握得熟练与否，直接影响到运动员在比赛中的表现。

影响移动速度的因素有很多，其中准备姿势的合理性起着至关重要的作用。一个合理的准备姿势能够帮助运动员更快地起动和移动，提高移动的效率。此外，判断能力的强弱也直接影响到移动的效果。运动员需要准确地判断球的落点、对手的动作意图，从而做出正确的移动决策。反应速度同样对移动技术的运用至关重要，快速的反应能够帮助运动员在第一时间做出正确的反应和动作。

下肢力量的大小也是影响移动速度的重要因素。强大的下肢力量能够为运动员提供足够的推动力，使他们在短时间内达到较高的移动速度。同时，起动后的步频高低也会直接影响到移动的速度和稳定性。运动员需要通过科学的训练，增强下肢力量和加快步频，从而提升移动技术的运用效果。

与移动相衔接的制动、起跳和倒地环节，都会对击球的效果产生直接影响。制动技术能够帮助运动员在移动过程中快速稳定身体，为后续的击球动作做好准备。起跳技术的掌握则能够让运动员在空中更好地调整身体姿势和击球角度，提高扣球和拦网的成功率。而倒地救球则是防守中的重要环节，它要求运动员具备较好的柔韧性和协调性，能够在倒地时迅速调整身体姿势，完成救球动作。

现代排球运动中，随着技术的不断发展，对运动员的移动能力提出了更高的要求。特别是在跳传、扣球（包括后排进攻）、跳发球、拦网等技术的运用中，强调运动员在空中的移动能力。因此，运动员需要通过专门的训练，提高自己在空中的移动能力和稳定性，以适应现代排球运动的发展需求。

移动能力并非仅用于进攻，它在地面防守中的作用同样不容忽视。在排球比赛中，后排防守是防止对手得分的重要环节。运动员需要具备良好的移动能力，才能在防守过程中快速调整位置，有效地阻挡对方的进攻。有调查显示，现代排球比赛中运动员的移动距离远超以往，这也进一步凸显了移动技术在排球比赛中的重要性。

# 第二节　发球与接发球技术的实战运用

## 一、发球技术的实战运用

发球，作为比赛的开端，同时也是攻防转换的起点。在激烈的排球竞赛中，发球是"先发制人"的关键战术，需要在保证攻击性的同时，注重其准确性。当然，某些时刻，在确保稳定性的前提下，也需要适时增强发球的攻击性。现代排球运动在"每球得分制"的规则下，只强调发球的攻击性而忽视其准确性和稳定性，都是不合适的。

### （一）跳发大力球

跳发大力球以其强大的力量、惊人的速度和高难度的技术等特点著称。这种发球方式在得分和破攻方面表现出色，但伴随的风险也相对较高，过度发力可能导致发球失误。因此，在比赛中选择跳发大力球时，发球者需审时度势,量力而行,既要大胆果断,又要细心谨慎。

## (二)跳发飘球

相较于跳发大力球,跳发飘球可能在力量与速度上稍显逊色,但其独特的优势在于球的性能变化、轨迹的难以预测,以及落点的精准控制。这种发球方式以其稳定性著称,为发球者提供了更多的策略选择。当发球者能够巧妙地将跳发飘球与跳发大力球结合,并根据场上形势灵活切换,无疑会给对手接发球带来极大的挑战。

## (三)正面上手发飘球

正面上手发飘球作为一种经典且广泛应用的发球方式,在男排和女排比赛中都占有一席之地。根据现代发球技术的评价标准来看,这种发球方式不仅保持了较高的稳定性,而且在攻击性方面也毫不逊色。在比赛中,运动员常常根据对手的阵型和球员特点,选择使用正面上手发飘球来针对特定球员或特定区域进行发球,以此打乱对方的节奏,争取比赛的主动权。

## (四)其他发球方式

除了上述发球方式外,正面上手发球、勾手发飘球、勾手大力发球等都有其独特性。这些发球方式在不同时期都展现出不同的优势,它们的发展与接发球技术的提高相辅相成。对于初学者来说,掌握一些攻击性适中的发球技术,有助于他们更快地熟悉排球比赛规则,并从中获得乐趣。同时,这也是推动比赛进程、提高技战术水平的关键。排球运动吸引众多爱好者的原因之一就在于其通过各种技术手段,使比赛双方能在同等级别的较量中得到满足。在比赛中,通过尝试不同的发球方法,寻找对手的弱点,变化球的性能和落点,也能破坏对方的接发球节奏。

## 二、接球技术的实战运用

接球是组织进攻的基石，是应用快速多变战术的先决条件。一个稳定的接球，是球队从被动转为主动的重要支撑。接球技术，就像是与对方发球较量的第一把利剑，直接决定了双方比赛的走向。由于接球需要较长的准备时间和过程，相较于其他技术，其策略选择的空间也更为广阔。无论面对何种发球，我们都应对发球者的动作和意图有初步预判，预估球的速度和落点，为接球做好充分准备。随后，依据球的初速度、方向、弧线和力量，灵活调整身体姿态和位置，确保成功接球。

### （一）应对跳发大力球

面对跳发大力球，首先要保持冷静与专注，既要全神贯注地观察球的轨迹，又要避免因为过度紧张而导致动作僵硬。适度的身体放松对于有效缓冲球的力量至关重要。在接球的过程中，控制球的反弹角度和微调用力是关键所在。如果对方的发球技术极为出色，我们可以先以将球控制在一定范围内为目标，不必过分追求一传的到位率，以免给对方制造扣"探头球"的机会。

对于速度快、力量大的跳发球，我们应主动调整身体姿势，将手臂置于身前，被动地让球击打手臂，避免主动向前送球，这样可以更好地控制球的反弹方向和力度。而面对低位置的来球时，我们应迅速降低身体姿态，向后倾斜，以减轻球带来的冲击力，确保能够稳定地接住球。

通过这样的策略调整，我们可以更加有效地应对跳发大力球，提高接球的稳定性和成功率，为球队的进攻创造更多的机会。

### （二）应对跳发飘球

接跳发飘球时，需特别留意站位，避免因球路不规则和落点不定，导致接球失败。因此，要求接球者脚步灵活，及时对准来球方向。特别是面对跳发轻短球或长飘球时，应迅速调整身体位置，确保接球角度适宜。

## （三）应对正面上手飘球

接正面上手飘球时，要领与接跳发飘球相似。对于飘晃不定的追胸球，应提高身体重心进行垫击。总体而言，垫球动作应幅度小、速度快。

## （四）应对其他类型发球

接球者需适应各种发球，无论对手使用何种发球方式，都应做好心理准备和采取应对策略。排球规则中取消第一次击球的"连击"规定，为传球技术在一传中的运用创造了条件，这扩大了击球范围，提高了一传的成功率。

# 第三节　扣球与拦网技术的实战运用

## 一、扣球的运用

扣球是排球比赛中的得分利器，更是遏制对手进攻的锐利武器，它直接决定着进攻配合的成败。作为一项动作复杂、难度较大但作用极其重要的技术，扣球对运动员的体能条件有着较高的要求。在比赛中，扣球者需根据具体情况灵活采用以高度、速度、力量、节奏变化或技巧取胜的策略，切忌盲目单干、不计后果。此外，还需结合本方一传的位置，二传球的角度、弧度和速度，以及对方拦网与防守的布局，灵活运用扣球的技术和技巧，以满足战术需求。

## （一）强攻的巧妙策略

强攻，即个人高举高打，在缺乏掩护的情况下强行突破对方的拦防。面对对方双人或三人拦网的严峻形势，主攻手需承受极大的心理压力。然而，真正的强攻高手不仅敢打敢拼，更懂得运用技巧。他们懂得避实击虚，巧妙利用打手出界，突袭空当，打吊结合，精准控制落点，这些巧妙的策略使得强攻打法更加丰富多彩，变幻莫测。

## （二）快攻的灵活运用

快攻，以平快扣球为核心，旨在迅速突破对方的防线。其中，3号位快球及短平快球更是快攻战术的精髓。通过这些快攻手段，可以诱使对方起跳拦网，或牵制对方形成有效的集体拦网。实扣与虚扣动作需保持高度一致，助跑起跳要积极而迅速，实扣时具有出其不意的突然性，而虚扣则起到巧妙的掩护作用。这种真假难辨的快攻战术，常常能够打乱对方的拦网和防守布局，为球队赢得宝贵的得分机会。

## （三）后排进攻的创新应用

后排进攻，即后排队员在进攻线后起跳扣球，这一创新技术为现代排球比赛注入了新的活力。后排进攻扣球者能够充分利用助跑起跳的冲力，加大身体动作幅度，使得扣出的球力量大、速度快，且过网区域宽，给对方的拦网起跳和后排防守带来极大的困扰。尽管后排进攻扣球的动作难度较大，对运动员的体能要求也更为严格，但在现代排球运动中，后排的主攻队员和接应二传队员在履行各自职责的同时，也积极参与后排进攻，以丰富球队的战术打法，提高得分效率。

## 二、拦网的运用

拦网，作为防守的坚实壁垒，是得分的关键手段，更是唯一一项兼具攻防功能的技术。它与扣球技术形成鲜明对比，扣球技术和进攻战术的多样性，要求拦网策略也随之灵活调整。提高拦网成功率离不开诸多前提条件，如发球的犀利、一传的精准、二传与进攻队员的默契配合，以及进攻队员的突破能力等。然而，拦网本身也对队员的身体素质和反应能力提出了明确要求。拦网队员不仅需有高大的身材和出色的弹跳力，还需冷静判断，避免盲目起跳。

### （一）针对高球的拦网

成功拦截高球，首要之务在于熟练掌握拦网技术，并准确判断扣球的时间点与飞行路线。起跳时机的把握与拦截区域的选择都是成功拦网的决定性因素。此外，还需密切关注对方的一传、二传情况，以及扣球者的助跑起跳方向、击球动作和个人特色，从而精确捕捉扣球的最佳时机与飞行轨迹。特别是在拦截靠近标志杆的球时，两侧的拦网者需特别留心，两手用力应由外向内，外侧的手掌应向内倾斜，以避免球打手而出界。通过这样的细致观察和精准操作，我们能够更有效地拦截高球。

### （二）应对平快球的拦网

拦平快球如同与对手近身搏斗，时间紧迫，转瞬即逝。此时，察言观色、审时度势尤为重要，需迅速把握对手心理状态及进攻策略，灵活调整拦网对策，争取网上争夺的主动权。面对拦网空跳或晚跳的情况，应保持冷静，迅速调整策略，有胆有识地捕捉战机，力求成功拦截。

## （三）针对掩护进攻球的拦网

在多人进攻的复杂局面中，拦网者之间的配合显得尤为关键。他们需要灵活调整拦网策略，明确各自的主次分工，并相互支援，这是取得成功的重要保障。即便在来不及准确移动到位的情况下，拦网者也应利用空中的身体移位，尽可能使拦网手接近扣球点，以最大限度地降低对手的进攻效果。

即便未能成功拦网，有效的动作也能迫使扣球者减缓扣球力量，从而减轻后排防守队员的压力。在拦掩护进攻球时，虽然空跳后的二次起跳拦网可能受到影响，但这也是一个创造转机的机会。通过拦起或拦回球，不仅能够有效遏制对手的进攻，还能极大地提振防守方的士气。

因此，对于拦网者来说，不应轻易放弃任何一次拦网的机会。每一次努力都是对球队防守力量的增强，也是对对手进攻的有效遏制。通过加强配合、灵活调整策略，拦网者能够在比赛中发挥更大的作用，使球队获得胜利。

# 第四节　后排防守与应急击球的实战运用

## 一、后排防守的实战策略

后排防守，作为反攻的基石，承载着防守的重任。当前排未能成功拦网时，对方扣球的重任便落在后排防守队员的肩上。出色的后排防守不仅是反攻成功的保障，更是决定比赛胜败的关键因素。一旦防守阵地失守，便意味着失分与失败。因此，强调拦网者之间以及前排与后排队员的整体协作与配合至关重要。

在后排防守的过程中，无论是自由人还是其他队员，都应深刻认识到精神力量和团队作用的重要性。特别是在比赛的关键时刻，往往是那些在心理、意志、作风和凝聚力等方面表现出色的队伍，能够笑到最后，取得最终的胜利。

## 二、应急击球的实战技巧

应急击球，虽然在比赛中出现的频率相对较低，有时也未被教科书和专业书籍重点介绍，但其重要性不容忽视。比赛中一局或一场的胜负，往往可能因为一两次不理想的击球动作而彻底改变。因此，即便应急击球动作看似细微，但积少成多，也可能造成不利的局面。

### （一）巧妙处理网上球

处理网上球时，需根据来球的具体情况灵活采用相应的技术动作。二传手在处理网上球时，方法与手段通常较为灵活多变。而其他队员或初学者在处理网上球时，不必过于追求高标准，一般可以采用拳头顶、手背击打等方法。当来球的高度和角度比较理想时，更应把握机会，果断出击。

### （二）应对入网球的挑战

处理入网球是一种相对被动的情况，但若能妥善处理，为第三次击球留出足够的空间和时间，局面或许会有所不同。因此，在面对入网球时，需要保持冷静，迅速判断并作出正确的反应。

### （三）抢救飞向对方无障碍区的球及其他球

当球飞向对方无障碍区或其他区域时，往往需要队员在极为不利的情况下进行抢救。这种时候贵在拼搏和坚持。特别是在比赛的关键时刻，如能成功化险为夷，不仅能极大鼓舞全队的士气，甚至可能扭转整个比赛的局势。然而，由于这种情况下运动员需要跑动的距离较长，有时还需绕过裁判员，避开障碍物，存在一定的危险性。因此，在抢救这类球时，既要勇敢果断，又要确保安全。

# 第六章

# 高校排球技术训练实用方法

在高校排球教学中，排球技术训练是排球教学的重要内容之一。在培养学生熟悉球性，掌握基本排球技术方面，一些简单实用的练习方法就能达到事半功倍的效果。

# 第一节　熟悉球性的练习法

## 一、手指顶球旋转

利用右手作为主要发力点，将球稳稳托起。在托球的过程中，通过手腕的灵活转动，带动手指施加作用力，使球产生强烈的旋转。紧接着，迅速而敏捷地使用食指顶住球的下部，确保球能够在指尖上保持稳定旋转。在此过程中，左手可以协助右手，帮助球更好地进行旋转。

这种练习方法不仅有助于提升手指的灵活性和协调性，更能增强对球的感知能力，使球员能够更好地掌控球的旋转和飞行轨迹。通过反复练习，球员可以逐渐熟悉并掌握这种技巧，从而在比赛中有更加出色的表现。

## 二、两膝夹球移动

练习时，将球稳妥地放置在两膝之间夹住，确保球不会滑落。在保持低重心的同时，注意抬头挺胸，保持目视前方，前脚掌紧贴地面。随后，跟随老师的手势指引，进行前、后、左、右的脚步移动练习。在移动过程中，要时刻注意保持对球的控制，确保球不会因移动而掉落。

这种针对性的练习方法，有助于提升球员在移动中对球的控制能力，增强他们的身体协调性和稳定性。通过反复练习，球员可以更好地掌握这一技巧，为比赛中的出色表现打下坚实基础。

## 三、仰卧起坐传接球

两名同学相距2~3米的距离，各自仰卧在垫子上，准备同时进行仰卧起坐练习。甲同学双手持球于头顶上方，开始做仰卧起坐动作。当甲同学坐起时，将球用力抛向乙同学。乙同学接住球后，模仿甲同学的动作，将球抛回给甲同学。两人交替进行，重复此练习过程。

这种练习方式不仅有效地锻炼了腹部肌肉，提高了核心力量，还着重训练了球员在仰卧状态下的传球能力。通过反复练习，球员可以逐渐掌握在仰卧时准确传球的技巧，提升在比赛中的传球效率和准确性。同时，这种练习也增加了训练的趣味性和互动性，让球员在轻松愉快的氛围中提高技能水平。

## 四、两人单手投接球（模仿掷铅球）

两位球员相距3~5米的距离，右手持球，侧身站立准备。练习开始时，球员做2~3步的侧滑步动作，同时右臂经过身体后方，再向前方用力将球投出。初步掌握技巧后，可换手进行练习，以锻炼双手的投球能力。

这种练习方法旨在提升球员在实战中的投球准确性和力量。通过侧滑步与投球动作的结合，球员可以锻炼身体的协调性和平衡感，同时增强手臂和躯干的肌肉力量。反复练习后，球员将能够更准确地掌握投球的力度和方向，提高在比赛中的投球命中率。

此外，换手练习也有助于球员适应不同情况下的投球需求，增强比赛中的应对能力。这种练习方式既实用又有效，是提升球员投球技术的重要训练手段之一。

## 五、跳起接反弹球，落地掷球

两人一组进行练习，甲负责跳起接球，乙负责掷球。乙将球掷向地面，使球反弹起来，甲迅速跳起接住反弹球。甲在接球落地后，双手将球举起，向前下方用力掷出，使球再次反弹至乙的手中。两人交替持续进行这一练习。

通过这种练习方式，球员的跳跃能力以及对反弹球的判断能力都能得到有效提升。在实战中，这种能力对于球员来说至关重要，能够帮助他们更好地应对各种复杂的比赛情况。同时，这种练习方式也增加了训练的趣味性和互动性，让球员在轻松愉快的氛围中提升技能水平。

## 六、移动触球

二人一组，面对面相距4米，甲将球放在地上，向乙的两侧移动球，乙采用适当的准备姿势快速移动，力争在最短的时间内以手触球，然后将球返回来球处，反复进行练习。这有助于球员提高在移动中触球的能力。

（1）原地双手交替运球练习，锻炼手部协调与控球能力。
（2）跑步前进中运球，提升运球与跑动的同步性。
（3）侧向滑步运球练习，增强侧向移动与控球的协调性。
（4）用脚盘带并跑动，锻炼脚部控球技巧与跑动能力。
（5）踢腿抛接球训练，提高腿部力量与接球技巧。
（6）上体前屈，双手从胯下抛球，转身接球，以增强身体柔韧性，提升反应速度。
（7）向前上方抛球并追上接球，锻炼预判能力与接球技巧。
（8）原地连续跳跃拍球，提升跳跃力与手部协调控球能力。

## 第二节  垫、传、发球的练习法

### 一、垫球的练习方法

#### （一）正面双手垫轻球

在进行正面双手垫轻球的练习时，首先要对来球的方向和力度有一个准确的判断。当球飞向自己时，应迅速调整身体姿势，保持半蹲或稍蹲的站立状态，这样有利于我们快速移动和稳定重心。

接下来，要注意双手的姿势和动作。两手掌跟应紧密互靠，两手手指重叠，手掌互握，形成一个稳定的垫球面。同时，两臂要夹紧并前伸，确保双手能够准确地插入球下。在这个过程中，还要配合身体的动作，蹬地、塌腰、提肩、压腕，这一系列动作要一气呵成，协调流畅。

蹬地是为了给身体提供向上的力量，帮助更好地控制球的高度。塌腰则是保持身体的平衡和稳定，防止在接球时身体晃动。提肩是为了更好地利用肩部的力量，增加垫球的力度和稳定性。压腕是为了确保手掌与球之间的紧密接触，防止球从手中滑落。

在练习过程中，还要注意控制力度和角度，确保球能够平稳地反弹起来，并且方向可控。刚开始练习时，可以从较慢的球速和较低的高度开始，逐渐增加难度，增加球的速度和高度。同时，还要注重合理安排练习的频率和次数，通过反复练习来熟练掌握这一技术动作。

练习时，还要注意保持身体的放松和协调。在接球时，不要过于紧张或僵硬，身体要保持自然状态，让动作更加流畅自如。同时，要与队友进行配合练习，模拟比赛中的实际场景，提高实战能力。

总之，正面双手垫轻球是一项需要耐心和细心练习的技术。通过不断练习和调整，可以逐渐掌握这一技能，并在比赛中有出色的表现。

## （二）正面双手垫中等力量球

在进行正面双手垫中等力量球的练习时，需要确保准备姿势得当。正确的准备姿势对于接球效果起着至关重要的作用。站立时，双脚应略宽于肩，脚尖稍微外展，膝盖微微弯曲，身体保持放松且稳定的状态。同时，重心应放在前脚掌上，以便随时调整身体的位置和平衡。

击球点的选择也非常重要。对于中等力量的球，击球点应位于腹部和胸部之间的高度，这个位置有助于球员更好地控制球的方向和力度。在接球时，要确保双手能够准确地触碰到球的底部，这样可以更好地缓冲球的冲击力，使球能够平稳地反弹起来。

手型也是垫球过程中不可忽视的一环。双手应自然张开，手指微微弯曲，形成一个稳定的支撑面。在接触球的瞬间，手掌应略微内收，用指关节和手掌的合力来缓冲球的冲击力。同时，手臂和手腕要保持一定的弹性，以便在接球时能够灵活地调整力度和方向。可以从轻球开始，逐渐增加球的力度，以便逐步适应中等力量球的冲击。通过反复练习，可以逐渐掌握正确的击球点，提高垫球的准确性和稳定性。

还需要注意与队友的配合和沟通。在比赛中，垫球往往不是一个人的任务，而是需要团队成员之间的默契配合。因此，在练习过程中，可以与队友进行双人或多人的配合练习，以提高团队的协作能力和整体防守水平。

## （三）正面双手垫重球

在面临重球的来袭时，首先需要做好充分的准备姿势。此时，半蹲或低蹲的姿态能够为人体提供更为稳定的支撑，从而更好地应对重球的冲击。同时，双臂放松置于腹前，保持一种随时准备接球的状态。这种放松而警觉的姿态，有利于快速做出反应，确保在接球时能够发挥出最佳水平。

在垫球的过程中，含胸收腹的动作是非常重要的。这不仅可以更好地控制身体的平衡，还能在接球时保持足够的稳定性。同时，用手臂或手腕的动作来控制垫球的方向和角度，也是一项关键的技术。在重球来袭时，需要根据球的速度和力度，灵活地调整手臂或手腕的力度和角度，以确保球能够按照预期反弹。

另外，在垫重球时，注意不能仅仅依靠手臂或手腕的力量来应对。相反，我们应该充分利用整个身体的力量，包括腿部、腰部和背部的力量，来形成一个完整的动力链。这样，不仅能够更好地控制球的反弹力度和方向，还能降低身体受伤的风险。

同时，还需要保持高度的专注力。在接重球时，一丝一毫的疏忽都可能导致失误。因此，无论是在训练中还是比赛时，都需要时刻保持警惕，全神贯注地应对每一个来球。

### （四）体侧垫球

在进行体侧垫球时，首先需要稳定身体，做好充分的准备。以右脚前脚掌内侧为起点，轻轻蹬地，这一动作不仅为接下来的移动提供了动力，还有助于保持身体的平衡。紧接着，左脚向左跨出一步，这一步的幅度要适中，确保能够稳定地站立。随着重心逐渐移至左脚，保持两膝弯曲，这样可以降低身体的高度，增加稳定性，并更好地应对球的冲击。

在移动的同时，双臂也要做出相应的动作。两臂向左侧伸出，左臂高于右臂，这样的姿势有助于更好地控制球的方向和力度。右肩微向下倾斜，这一细节动作虽然看似微小，但却能够帮助我们更好地调整身体的角度，确保双手能够准确地垫到球。

体侧垫球不仅要求我们具备良好的身体协调性和反应速度，还需要掌握正确的技术动作。在练习时，可以先从慢速的球开始，逐渐提高球的速度和加大力度，以便更好地适应并掌握这一技术。同时，还要注重与队友的配合和沟通，确保在比赛中能够准确判断球的落点，并及时做出反应。

通过反复练习和不断调整，可以逐渐掌握体侧垫球的技巧，并在比赛中发挥出最佳水平。这一技术不仅能够帮助我们更好地应对各种来球，还能够提高防守能力和团队配合默契度，为赢得比赛奠定坚实的基础。

## (五)背垫球

背垫球是一种要求技术精湛且反应灵敏的排球技巧。当球飞向我们身体的后方时,我们需要及时地转身并用背部及手臂进行垫球。在进行背垫球时,首先要确保身体的平衡和稳定。当球即将飞来时,要迅速蹬地,这不仅能够提供向上的力量,还有助于保持身体的稳定。同时,抬头挺胸的动作也是必不可少的,这有助于我们更好地观察球的飞行轨迹,并做出准确判断。展腹和上体后仰的动作能够带动两臂向后下方摆动。这样的动作不仅有助于控制球的方向,还能够确保球员的手臂准确地触到球。在触球时,注意要以前臂触球的前下方,这样能够更好地控制球的反弹力度和方向。

最后,将球向后上方击出是整个背垫球动作的关键。在击球的瞬间,要用力将球向后上方送出,确保球能够越过网带,并落在对方的场地内。同时,还要注意控制球的力度和角度,避免球飞出界外或被对方拦下。

## (六)低姿垫球

在排球比赛中,低姿垫球是一项非常实用的技术,特别是在面对近距离、低角度的来球时。当球飞向离身体较近的位置时,应迅速反应,移动到球的落点上。这时,降低重心成为关键,能更好地控制身体,确保稳定地接住球。

在移动到球落点的同时,要快速降低重心。这通常意味着弯曲膝盖,将臀部向后移动,使身体呈现出一种半蹲或深蹲的姿态。这种姿势能够降低身体高度,使双手更容易接近地面,从而更好地插入球下。

另外,上体前倾的动作也是必不可少的。这有助于更好地观察球的飞行轨迹,并调整手臂的位置。同时,两臂要迅速贴近地面,并插入球下。这时,手臂应该保持一定的弯曲度,以便更好地缓冲球的冲击力。

还需要注意控制力度和角度。由于球的距离较近,因此需要用较小的力度和合适的角度来将球垫起。

## （七）半跪垫球

半跪垫球是在低蹲垫球的基础上进一步演化的技术动作，它要求球员在面对更低、更近的球时能够迅速调整身体姿势，准确地将球垫起。这一技术动作的关键在于身体的稳定性和手臂的灵活性。

在低蹲垫球的基础上，需要继续向前移动身体重心。这通常意味着将身体的重量更多地转移到前腿上，后腿则逐渐弯曲并向前移动，以保持身体的平衡。在这个过程中，塌腰、塌肩的动作至关重要。腰部和肩部的下沉有助于更好地控制身体的姿势和高度，确保双手能够准确地插入球下。

后腿的动作是半跪垫球中的一大特点。为了保持身体的稳定和平衡，后腿的膝部内侧和脚弓内侧会着地，形成一个半跪的姿势。这样的姿势能够让我们更好地支撑身体的重量，保持稳定性。

在手臂动作方面，两臂需要贴近地面向球下伸出。这要求手臂要有足够的灵活性和力量，以便在接触球的瞬间能够迅速做出反应。同时，翘腕动作也是半跪垫球中的一个重要环节。在接触球的瞬间，需要用翘腕的动作将球垫起，确保球能够朝目标方向反弹。

最后，用虎口部位将球垫起是半跪垫球中的技术要点。虎口部位即手掌与大拇指之间的空隙，它的形状和大小能够很好地适应球的形状和大小，使得我们能够更稳定、更准确地控制球的反弹方向和力度。

## （八）肩滚翻垫球

肩滚翻垫球是一项高难度的排球技术，要求球员在面临特殊情况时能够迅速做出反应，准确地将球垫起。当面对来球时，球员需要迅速向来球方向移动，以便更好地调整自己的位置和姿势。

在移动的过程中，球员需要跨出一大步以接近球。这一步的跨出不仅要迅速，还要准确，确保自己能够站稳，并准备好接下来的垫球动作。随着这一步的跨出，球员的重心也会随之下降，并落在跨出的脚上。这样的动作有助于球员更好地稳定身体，为接下来的垫球做好充分的准备。

在垫球前，上体的前倾是至关重要的。球员需要使自己的胸部尽量靠近大腿，这样的姿势能够帮助他们更好地控制身体的平衡和稳定。同时，手臂也需要迅速伸向来球方向，以便在球到达时能够准确地接住它。

在肩滚翻垫球的过程中，球员还需要注意呼吸的配合。深呼吸有助于放松身体，提高身体的柔韧性，从而更好地完成垫球动作。同时，球员还需要保持冷静和专注，确保在垫球时能够准确地判断球的落点和力度。

通过反复练习和不断磨练，球员可以逐渐掌握肩滚翻垫球的技术要领。在比赛中，这项技术能帮助球员更好地应对特殊情况下的来球，提高防守能力和比赛胜率。同时，它也能够提高球员的身体素质和心理素质，提升他们在比赛中的表现水平。

### （九）鱼跃垫球

鱼跃垫球是一项非常具有挑战性的排球技术，要求球员具备良好的身体协调性和反应速度。在准备进行鱼跃垫球时，球员首先需要保持半蹲的准备姿势，这样可以使身体处于一种低而稳定的状态，随时准备做出快速的反应。

球员的上体需要前倾，这样可以更好地观察来球的轨迹，并提前做出预判。同时，前脚掌用力蹬地是鱼跃垫球中非常关键的一步。通过前脚掌的用力蹬地，球员能够获得足够的动力，使身体腾空跃起。这个过程中，球员需要保持身体的平衡和稳定，确保能够准确地跃到来球的位置。

当身体腾空跃起后，球员需要迅速判断来球的位置和高度，并用单手或双手击球的后下部。这个过程中，手臂和手腕的动作要迅速而准确，确保能够稳定地接住球并将其垫起。同时，身体的其他部分也要保持协调，以便更好地完成垫球动作。

## 二、传球的练习方法

### （一）徒手模仿练习

在进行排球训练时，徒手模仿练习至关重要。这一练习有助于球员们熟悉并掌握传球的基本动作和技巧，为日后的实战打下坚实的基础。

开始练习时，球员成两列横队站立，听教师的口令进行徒手传球练习。这一步骤是为了让球员能够在集体的环境下，通过统一的口令和节奏，更好地感受传球的节奏和力度。同时，教师也会在一旁观察球员的动作是否规范，及时进行指导和纠正。

球员需要自然站立，保持正确的手形。这是传球的基本姿势，也是确保传球准确性的关键。在此基础上，球员需要反复模仿练习传球时手指和手腕的动作。这一步骤需要球员仔细体会手指和手腕的协调配合，以便在实际传球时能够更加流畅自如。

可以两人一组进行练习。一人做徒手传球练习，另一人则负责纠正错误动作。这种练习方式不仅能够帮助球员们及时发现自己的问题所在，还能够让他们从同伴的反馈中学习到更多的经验和技巧。同时，通过互相观察和指导，球员之间的协作能力也会得到进一步提升。

### （二）结合球的练习

在排球训练中，结合球的练习是至关重要的一环。通过实际的触球动作，可以进一步巩固球员传球的基本技巧，提高手部的协调性和准确性。

每个球员手持一球，开始练习向自己头顶上方抛球。这个过程中，需要仔细控制抛球的力度和方向，确保球能够准确地飞向自己头顶上方。随后，用传球的标准手形接住落下的球，并自己检查手形是否正确。这一步骤不仅能帮助球员们熟悉球感，还能让他们在实践中体验手形的正确性，有助于形成正确的肌肉记忆。

接下来可以进行连续自传练习。在这一阶段，传球的高度是关键，需要确保不低于50厘米。这样的高度要求有助于球员掌握正确的传球姿势和力度，为实战中的传球打下坚实基础。同时，传球时尽量减少移动，专注于手部动作和力度的控制，提高传球的稳定性。

球员们站在距离墙壁30~40厘米的位置进行连续传球练习。这个练习方法能够模拟实战中的传球环境，让球员在实际操作中不断检查和纠正手形。利用墙壁的反弹力能促使他们更加准确地控制传球力度和方向。

## （三）跳传球练习

跳传球是排球运动中一项非常重要的技术，要求球员在准确判断来球方向的基础上，迅速移动并起跳，以最大的力量将球传出。这一技术不仅考验球员的反应速度和身体协调性，还需要他们在空中保持平衡和稳定，以便能够准确地完成传球动作。

在进行跳传球练习时，首先要注意的是对来球方向的判断。球员需要密切关注对方的发球或传球动作，以便能够准确预测球的飞行轨迹。一旦确定来球方向，应立即调整自己的身体姿势，确保能够在最佳位置传球。

接下来是起跳环节。起跳时要保持身体放松，膝盖微屈，脚尖稍离地。当判断来球即将到达时，迅速用力蹬地，同时双臂向上摆动，帮助身体向上垂直起跳。起跳时要尽量保持身体的平衡和稳定，避免因为身体晃动而影响传球的准确性。

当身体上升到最高点时，是完成传球动作的关键时刻。此时，球员需要迅速伸臂并将球传出。伸臂时要保持手臂的伸直和稳定，同时用手指和手腕的力量控制球的传出方向和力度。在传球过程中，还要注意保持身体的平衡和稳定，避免因为身体晃动而导致传球失误。

完成跳传球后，球员需要迅速调整自己的位置，准备迎接下一次来球。在练习过程中，球员需要反复进行起跳、传球，逐渐提高自己的反应速度和身体协调性。同时，还要注意保持呼吸的顺畅和节奏的稳定，以便能够更好地应对高强度的比赛节奏。

## 三、发球的练习方法

### (一) 正面下手发球

1.准备姿势

身体正面朝向球网,双脚前后分开站立,左脚在前,膝盖微微弯曲,上身稍微前倾,左手持球置于腹部前方。

2.抛球技巧

在发球过程中,左手需轻柔地将球抛至身体前方的右侧,球离手大约为一球的距离。与此同时,右臂需伸直,并以肩部为轴心向后摆动,为接下来的击球动作做好准备。

3.击球要领

在击球时,右脚应用力蹬地,身体重心随着右肩由后向前的摆动而逐渐前移。击球动作应在腹部前方完成,使用全手掌击球的后下部。击球后,身体重心应继续前移,以便迅速进入比赛状态。

### (二) 侧面下手发球

1.准备姿势

准备发球时,左肩应对准球网,双脚左右分开站立,与肩同宽。膝盖应微微弯曲,上身稍前倾,重心均匀地落在两脚之间。左手持球,置于腹部前方,为抛球做好准备。

2.抛球动作

左手应平稳地将球上抛至胸前,距离身体约一臂之远。球离手的高度应约为一个半球的大小。在抛球的同时,右臂应摆至右侧后下方,为挥臂击球做好力量储备。

### 3.挥臂击球技巧

利用右脚蹬地并向左转体的力量,带动右臂向前上方摆动。在腹部前方,使用全掌、虎口或掌根击球的后下方。击球后,身体应转向球网,顺势进入比赛状态,准备迎接下一个回合。

## (三)正面上手发球

### 1.准备姿势

身体应正面朝向球网,双脚自然分开站立。左脚应置于前方,左手托球于身体前方,为发球做好充分准备。

### 2.抛球与引臂动作

左手应平稳地将球抛至右肩的前上方,高度适中以便于击球。同时,右臂应抬起,屈肘后引,肘部与肩部保持平齐。上身应稍向右侧转动,抬头挺胸展腹,手掌自然张开。

### 3.挥臂击球要领

借助蹬地的力量,使上身向左转动。同时收腹发力,带动手臂迅速向前上方挥动。在右肩前上方的最高点伸直手臂,用全手掌击球的后下部。击球时,手指和手掌应与球吻合,手腕迅速做推压动作,使球以上旋的方式飞向对方场地。击球后,随着重心前移,应迅速进入比赛状态,准备应对对方的回击。

## (四)跳发球

球员应面对球网站立,站在距离端线2~4米的合适位置。单手或双手将球抛起,确保球的落点控制在端线附近。随着球的上升,队员应向前助跑并起跳,击球点应保持在右肩前上方。手臂应伸直,用全手掌击球,使球以强劲的上旋方式飞向对方场地。击球后,双脚应迅速落地,稳定身体重心,并立即进入比赛场地,准备迎接下一个回合的挑战。

## 第三节 扣球、防守、拦网的练习法

### 一、扣球的练习方法

（1）为了深刻体验扣球时鞭打式的力度感，可以先进行空手模拟扣球挥臂的练习。通过这一训练，可以让球员更好地掌握扣球时的力度和技巧。

（2）为了进一步增强手臂在扣球时的力量，可以手持哑铃进行模拟扣球挥臂的训练。这种训练方式可以有效提升球员手臂的肌肉力量，使扣球更加有力。

（3）为了提升扣球的精确度，可以在固定目标物前进行原地迅速挥臂的练习。通过反复训练，球员可以逐渐掌握扣球的方向感。

（4）为了增强弹跳与挥臂的协调性，可以进行原地起跳和二步起跳时的摆臂练习。这种训练方式有助于球员在扣球时更好地结合起跳和挥臂动作，提高扣球的效果。

（5）为了提升起跑的速度和增强力量，可以从站立姿势开始，进行屈膝下蹲并同步摆动双臂的原地起跑练习。这种训练方式有助于球员更好地掌握起跑时的技巧和节奏。

（6）为了增强身体的灵活性和力量，可以进行不同方向的跨跳训练，从而让球员更好地适应比赛中的不同情况，提高应对能力。

（7）为了强化起跳技巧，可以在慢跑中穿插两步助跑起跳的训练，从而逐渐掌握起跳时的技巧和节奏。

（8）为了提高扣球的连贯性和反应速度，可以进行原地自抛球后的扣球练习，这有助于球员在比赛中更快地做出反应，并准确地将球扣入对方场地。

（9）为了增强扣球的控制力和节奏感，可以持续进行对墙扣反弹球练习。

（10）为了提升实战应用能力，需要在训练中结合助跑与自抛球进行扣球练习。通过助跑获得足够的起跳力量，同时掌握自抛球的技巧，使球的高度和位置恰到好处，从而进行精准地扣球。

（11）为了增加队员之间的默契度，可以进行两人一组的扣固定球练习。在这个练习中，一人负责持球并稳定地放置在固定位置，另一人则负责进行扣球，从而可以更好地培养队员之间的默契度，提高扣球的准确性和稳定性，为比赛中的团队配合打下坚实基础。

（12）两人一组练习对地扣反弹球，提升扣球水平。

（13）在助跑的基础上扣球，两人一组配合，一人抛球，一人扣球，模拟实战场景。

（14）进行三对三防守、调整传球与扣球对抗练习，增强团队配合与战术应用能力。

（15）进行四对四或六对六攻防练习，规定只准扣远网球，提升实战能力。

## 二、防守的练习方法

（一）反应球练习

教练或队友站在网前，将球随机地抛向不同的方向，练习者需要迅速反应并移动到恰当的位置进行防守。这种练习有助于提高防守者的反应速度和预判能力。

（二）对墙垫球

面对墙壁站立，将球用力抛向墙壁，然后在球反弹回来时准确地将球垫回。这个练习可以锻炼防守者的垫球技巧和节奏感，同时提高手臂和腿部的协调能力。

## （三）多人防守练习

将队员分成几组，每组站在不同的位置进行防守。教练或队友从不同的角度和距离抛球，让练习者协同防守。这种练习有助于培养团队的防守意识和配合能力。

## （四）拦网后防守练习

在模拟比赛场景中，设置拦网环节，让防守者在拦网后迅速调整位置进行防守。这种练习可以帮助防守者熟悉比赛节奏，提高在实战中的防守能力。

## （五）倒地救球练习

模拟比赛中可能出现的倒地救球场景，让防守者进行练习。这种练习有助于提高防守者的身体协调性和救球能力。

此外，还有一些针对特定防守技能的练习方法，如低姿势移动垫球、倒地垫球、挡球等。这些练习方法可以帮助防守者掌握正确的防守姿势和技巧，提高防守效果。

在练习过程中，还需要注意防守的基本要领，如准备姿势要低、重心稳定、手臂适度弯曲、随时准备移动等。同时，要保持积极的心态和良好的竞技状态，不断挑战自己的极限，提高自己的防守水平。

# 三、拦网的练习方法

## （一）低网抛拦练习

（1）两人一组在低网前隔网站立，一人将球举在网上，模拟对方的扣球动作，另一人原地做拦网动作，体会拦网手形和姿势。这种练习有助于防守者熟悉拦网的高度和角度，提高拦网的准确性。

（2）教练或队友站在网前，以适当的力度和角度将球抛向低网，防守者站在网前做拦网动作。在练习过程中，防守者需要注意调整自己的站位和姿势，以确保能够有效地拦截抛过来的球。

（3）结合实战场景进行低网抛拦练习。教练可以设置不同的抛球路线和速度，让防守者在模拟实战的情况下进行拦网练习。这有助于提高防守者的反应速度和判断能力，使其更好地适应比赛节奏。

注意事项：

（1）确保网高的设置符合训练要求，避免过高或过低影响练习效果。

（2）防守者要保持正确的拦网姿势和手形，注意手臂的伸展和力量的控制。

（3）练习时要注重质量而非数量，确保每个动作都做到位，避免形成错误的肌肉记忆。

（4）结合教练的指导和反馈进行练习，及时调整自己的技术和战术。

## （二）原地起跳拦高台扣球

原地起跳拦高台扣球是排球防守技术中的重要一环，它要求球员在原地起跳的同时，准确地判断扣球的高度和路线，有效地进行拦网。

准备动作：站在网前，双脚与肩同宽，膝盖微屈，保持身体平衡。双臂自然下垂，眼睛注视对方扣球手，随时准备起跳。

判断扣球：密切观察对方扣球手的动作和球的飞行轨迹，判断扣球的高度和路线。这是拦网成功的关键，需要球员具备良好的预判能力和反应速度。

起跳动作：当判断好扣球路线后，迅速用力蹬地，同时双臂向上摆动，带动身体向上跳起。起跳时，尽量保持身体垂直，以获得更高的起跳高度。

拦网动作：在空中，双臂伸直并靠拢，手掌心向上，形成有效的拦网面。根据扣球的高度和路线，调整自己的位置和手臂角度，以确保能够准确地拦到球。

落地动作：完成拦网后，迅速收腹并弯曲膝盖，以降低落地时的冲击力。同时，保持身体平衡，为下一次防守做好准备。

注意事项：

（1）起跳时要充分利用腿部力量，蹬地要迅速有力。

（2）在空中要保持身体平衡和稳定，避免因为晃动而影响拦网效果。

（3）拦网时要保持手臂的紧张度和稳定性，确保能够有效地拦到球。

（4）落地时要保持膝盖弯曲和身体平衡，避免受伤。

（三）网前徒手助跑拦网练习

网前徒手助跑拦网练习是排球防守训练中非常重要的一个环节，有助于提升球员的预判能力、移动速度以及起跳拦网的技巧。以下是具体的练习方法和注意事项。

练习方法：

准备姿势：球员应站在距离球网约一步的位置，双脚开立与肩同宽，膝盖微屈，重心稳定，双臂自然下垂。保持头部抬起，眼睛注视对方扣球手，以便随时准备移动和起跳。

预判与移动：根据教练或队友的指示，模拟比赛中的扣球情况。球员需要根据对方扣球队员的动作和球的飞行轨迹，迅速做出预判，并通过助跑来调整自己的位置。常用的移动步法包括一步、并步、交叉步和跑步等。

起跳动作：在移动到合适的位置后，球员需要迅速做出起跳动作。起跳时，双腿需要屈膝、身体重心下沉，同时发力蹬地。双臂也要配合起跳动作，向前上方划出小弧，用肩部发力助力身体向上垂直起跳。

空中拦网动作：在空中，球员需要保持身体平衡，两臂伸直向上，两肩上提。手指张开成勺形，两个食指保持平行，同时保持两臂之间的距离小于球体，以便更好地拦截对方队员的扣球。

落地与回位：完成拦网动作后，球员需要稳定落地，并迅速回到原来的防守位置，准备下一次防守。

注意事项：

（1）在整个练习过程中，球员需要保持高度专注，随时注意教练或队友的指示以及球的飞行轨迹。

（2）在起跳和拦网时，球员需要注意控制力度和角度，避免因为过度用力而导致身体失衡或受伤。

（3）拦网动作需要全身协调配合，特别是腿部、腰部和手臂的协同作用。

（4）拦网技巧需要通过反复练习来掌握和提高。球员可以通过增加练习次数和难度来逐渐提高自己的拦网水平。

## 第四节　提高排球技术能力的其他素质练习方法

### 一、力量素质练习方法

力量素质作为人体活动的核心驱动力，不仅是发展各项技能的前提条件，更是取得卓越成绩的基础所在。对于排球运动员而言，他们所需的爆发力、挥臂速度、弹跳力、弹跳耐力，以及移动速度和移动耐力等诸多能力，无一不是建立在坚实力量基础之上的。因此，对排球运动员的力量训练给予充分的重视，不仅关乎运动员个人的技能提升，更是提高整个排球运动水平的关键所在，具有极其重要的意义。

（一）手指手腕力量练习

（1）手指进行有力的屈伸运动，锻炼手指的灵活性和力量。

（2）精准地传递排球，提升手眼协调能力和传球技巧。

（3）手指与手腕协同用力，紧握网球，加强手部肌肉的力量和耐力。

（4）使用小哑铃或杠铃杆进行屈腕练习，锻炼前臂和手腕的肌肉群。

（5）手握哑铃，进行腕部绕环运动，提升手腕的灵活性和稳定性。

（6）双手或单手将1公斤重的实心球从头上掷出，主要运用手腕力量，锻炼手腕爆发力。

（7）提起并抓握铅球或沙袋，增强手部和前臂的抓握力量。

（8）通过手指俯卧撑和卷重物的方式，全面锻炼手指、手腕和前臂的力量和耐力。

（二）手臂力量练习

1.实心球练习

（1）两人面对面，双手紧握实心球，相互进行胸前传球练习，锻炼传球技巧和协调性。

（2）两人分腿坐地，面对面进行胸前传球，增强传球时的稳定性和准确性。

（3）两人跪立姿势，互相传球，提升传球时的身体平衡能力。

（4）运用前臂和手腕的巧妙动作将实心球抛起，用另一手稳稳接住，两手交替进行，增强手眼协调能力。

（5）双手从背后将球抛起过头，并迅速接住，锻炼身体的柔韧性和反应速度。

（6）双手向上抛球后，转身360°再将球接住，提升身体的协调性和空间感知能力。

（7）仰卧姿势，双手胸前向上传球，并迅速起身在球落地前接住，增强腹部肌肉力量和反应能力。

（8）分腿站立，一手持球使球从腿下穿过，另一手接球后再从腿上将球抛回，反复进行，锻炼身体的灵活性和传球技巧。

（9）双手持球，上体前屈，从胯下将球向后上方抛起，然后转身接住，增强身体的柔韧性和控制力。

（10）两人面对面站立，各持一球，一人从上，另一人从下做胸前传球，定时或定次数交换，提升传球技能和配合能力。

（11）两人同持一球，听教练信号后互相争夺，锻炼反应速度。

（12）双手或单手持球上举，屈前臂向前上方投掷，增强上肢力量和爆发力。

（13）两脚开立，两手持球上举，直臂向前掷出，锻炼全身协调性和投掷技巧。

（14）两人蹲姿对掷实心球，增强下肢稳定性和投掷准确性。

（15）两人坐姿转体对掷，提升身体转动能力和投掷力度。

（16）跪或坐姿，两手持球上举，将球向前掷出，锻炼不同姿势下的投掷技巧。

（17）屈体背向掷实心球，增强背部和上肢的协调性。

（18）坐地背向掷球，提升核心肌群的稳定性和投掷力度。

（19）两人面对面坐地，脚放在体操凳上，双手在胸前、头上等互相传球，提高传球技巧和空间感知能力。

（20）站立或跪立，单手肩上掷和勾手掷实心球，左右手交替进行，锻炼灵活性。

（21）分腿坐地，单手肩上掷球，增强上肢力量和稳定性。

2.哑铃练习

（1）双手持哑铃起跳摆臂，提升全身爆发力和协调性。

（2）双手持哑铃做臂绕环，前后交臂进行，锻炼手臂肌肉力量和肩部的灵活性。

（3）两臂轮流上举或侧举，增强上肢力量。

（4）两臂轮流侧平举，增强肩部稳定性和平衡感。

（5）两臂轮流前平举或同时平举，锻炼胸肌和三角肌。

（6）仰卧姿势，两臂交替前后摆，强化腹肌和上肢的配合能力。

（7）仰卧扩胸，增强胸部肌肉的力量和柔韧性。

（8）哑铃肩后屈肘上举，锻炼肩部后束肌肉，提升肩部综合力量。

3.轻杠铃练习

（1）站立头后推举：站立，双手紧握杠铃，用力推至头部后方，着重锻炼肩部和上背部肌肉。

（2）坐姿头后推举：坐在平稳的椅子上，双手紧握杠铃，同样将其推至头部后方，强化肩部和背部肌肉群力量。

（3）仰卧头后推举：仰卧于长凳，双手持杠铃，用力向上推至头部后方，增强上背部和肩部的力量。

（4）连续斜上快速推举：站立或坐姿，双手持杠铃，迅速连续地朝斜上方推举，提高爆发力和肩部稳定性。

（5）连续快速平推：双手紧握杠铃，快速连续地向前平推，锻炼胸部和肩部肌肉，增强推力。

（6）连续快速上推：双手持杠铃，迅速连续地向上推举，增强上肢力量和爆发力。

（7）连续快速上挺：双手持杠铃，快速连续地做上挺动作，提升全身协调性和肌肉力量。

（8）站立翻腕提杠铃：站立姿势，双手持杠铃，做翻腕动作，锻炼前臂和手腕的肌群力量。

（9）站立肩后臂屈伸：站立姿势，双手持杠铃置于肩后，进行臂部屈伸，增强肩部和手臂肌肉群力量。

（10）体前屈连续提铃：身体前屈，双手持杠铃，连续提起至最高点，强化背部肌肉和核心肌群的力量。

（11）体前屈划船练习：身体前屈，双手持杠铃，模仿划船动作，有效训练背部肌肉力量。

（12）仰卧直臂拉杠铃：仰卧姿势，双手直臂持杠铃，拉起杠铃至胸部上方，锻炼上背部和胸部肌肉力量。

（13）俯卧提杠铃片：俯卧姿势，单手或双手提起杠铃片，增强背部与上肢肌肉的力量和稳定性。

4.其他练习

（1）面对墙壁进行支撑练习，或在地面上俯卧并迅速推起身体并击掌，以增强爆发力。

（2）在地面上模仿海豹的爬行方式，确保膝盖和腰部放松且伸直，手指向前，用直臂支撑向前爬行，锻炼上肢和核心肌群力量。

（3）双人合作进行"推车"练习，可以选择前进或上台阶。在动作过程中，身体需保持平直，两臂伸直并交替向前移动，增强协作能力和上肢力量。

（4）使用单臂模仿挥斧或掷手榴弹的动作，锻炼上肢的爆发力和协调性。

（5）利用绳子或竿子进行爬升练习，同时进行引体向上，增强上肢和背部肌肉的力量。

（6）在吊环上做屈臂拉起动作，锻炼上肢和肩部的肌肉力量。

（7）在同伴的协助下，完成倒立推起的练习，增强上肢、核心肌群的力量以及平衡能力。

（8）进行俯撑练习时，固定脚尖，两手交换支撑并绕圆圈，锻炼上肢的灵活性和协调性。

（9）在俯撑的基础上，手足同时离地并向侧方跳跃移动，增强身体的爆发力和协调性。

（三）腰腹、背肌力量练习

1.双人练习

（1）仰卧于长凳上，由另一人扶住双脚，协助完成起坐动作。

（2）仰卧于长凳上，由另一人扶住双脚，引导进行绕环运动，锻炼腹部肌肉力量。

（3）俯卧姿势下，由另一人扶住双脚，协助完成体后屈动作，增强背部肌肉力量。

（4）一人仰卧，双手紧握另一人的脚踝，完成快速收腰动作，同时另一人推动其脚背，加强核心肌群力量的锻炼。

（5）仰卧者抬起双脚置于另一人的腰部两侧，由另一人握住其脚踝。仰卧者伸直双腿，用力起坐并用手拍打自己的脚背，随后双手触地置于头后，完成整个练习。

（6）仰卧于长凳上，由另一人扶住双脚。收腹起坐后，转动肩膀并弯腰，使双手触及地面。接着，左右侧卧完成侧起动作，并俯卧向后挺身，全面锻炼腹部和背部肌肉力量。

（7）单腿跪地姿势，由另一人扶住脚部，协助完成上体回环动作，增强身体的柔韧性和协调性。

（8）两人面对面而坐，互相握住对方的手。一人用力拉向自己方向，另一人随之前屈，两人轮流进行，锻炼拉伸能力和上肢力量。

2.实心球练习

（1）双手紧握球体，双臂上举，以腰部为轴心，上半身前后弯曲。

（2）单人或与伙伴配合，手持球体，做体转动作，增强身体的协调性。

（3）持球完成躯干的大绕环动作，全方位锻炼腰腹部肌肉力量。

（4）单人或与伙伴配合，手持球体，做体侧屈动作，增强侧腰的柔韧性和力量。

（5）仰卧起坐时手持球体，也可以与伙伴一同完成，锻炼腹肌力量和核心稳定性。

（6）分腿坐于地面，手持球体，左右转体，强化腰部的转动能力。

（7）分腿坐于地面，手持球体上举，进行上体的大绕环，全面锻炼上半身肌肉力量。

（8）直腿坐于地面，双手持球，双臂前伸，尝试让球体在脚前触地，增强身体柔韧性和协调性。

（9）坐于地面，双脚夹住球体，做举腿或绕环动作，锻炼腿部和腹部肌肉力量。

（10）仰卧时，双脚夹住球体，将腿举起至头上或头后，或进行肩背倒立，提升核心力量和平衡能力。

（11）双脚夹住球体跳起，将球向上抛出，锻炼爆发力和协调性。

（12）双脚夹住球体，进行体后屈跳，将球向背后上方抛出或向前抛过头，增强全身协调性和爆发力。

（13）屈腿仰撑，将球放在腹部，通过上挺或形成"拱桥"姿势将球抛起，锻炼核心肌群和上肢力量。

（14）双手持球，双脚夹球，在垫子上做"元宝"收腹动作，全面强化腹部肌肉群力量。

（15）一人仰卧于垫子上，另一人站在其脚前稍远处，进行传球或配合练习，锻炼反应速度和团队合作能力。

### （四）下肢力量练习

（1）肩负杠铃，单脚交替踏上高台，左右脚连续交替进行。

（2）肩扛杠铃，采用弓箭步的方式向前迈进。

（3）肩负杠铃进行深蹲或半蹲，随后再做提踵练习。

（4）双脚分别站在凳子上，双手提起壶铃，进行深蹲站起练习。

（5）进行杠铃上提练习，锻炼相关肌肉群的力量。

（6）负重坐于板凳上，然后站立，以锻炼腿部和臀部肌肉的力量。

（7）脚踝处悬挂壶铃，进行腿部屈伸动作，增强腿部力量。

（8）双手持铃，身体前屈，然后向后拉起直至身体直立，锻炼腰背部肌肉的力量。

（9）双手持壶铃进行体绕环，增强身体的柔韧性和协调性。

（10）肩负杠铃，宽握上拉至胸前，同时结合箭步抓动作，也可以进行挺举练习。

（11）负重进行慢速深蹲，直至全蹲，然后减轻重量或借助外力站起。

### （五）踝关节力量练习

（1）肩负杠铃进行提踵练习，增强踝关节力量。

（2）肩负杠铃，同时屈膝并垫高足趾，进行半蹲提踵练习。

（3）在负重器械上进行大重量提踵练习，进一步增强踝关节力量。

（4）进行双摇跳绳练习，可穿着沙衣或在小腿上捆绑沙袋以增加难度。

（5）通过骑人马的方式进行提踵练习，进一步增强踝关节的稳定性和力量。

## 二、速度素质练习

排球运动中的各项技术，如传球、接球、发球、扣球以及拦网等，无一不要求运动员在极短的时间内迅速而精准地完成动作。因此，速度对于排球运动员而言，其重要性不言而喻。

运动员的速度受到中枢神经系统反应能力的影响，同时也依赖力量、灵敏性、协调性，以及速度耐力等身体素质的全面发展。这些因素相辅相成，共同构成了运动员速度能力的基石。

因此，在提升排球运动员的速度时，必须注重相关素质的协同发展，使之相互配合，共同促进运动员整体速度能力的提升。

### （一）看手势起动

（1）分别在距离球网3米、6米和9米的位置站立，随时准备起跑。一旦看到教练的手势，立即起跑，全速冲向目标点。

（2）站立于进攻线前，用脚轻踩进攻线和中线，随后迅速折回跑。这个练习有助于提升变向速度和反应能力。

（3）与第（1）项类似，但这次是背向起跑方向站立。听到教练的口令并看到手势后，迅速回头并起跑，向指定的方向冲刺。

（4）根据教练给出的左或右不定向手势，迅速判断方向并跑向边线。这个练习能够提高快速判断和反应能力。

（5）两人一组进行绕人折回跑。互相绕过对方后，迅速冲向边线，看谁先踩到边线。这有助于提升变向跑能力。

（6）与第（5））项类似，但踩到边线后需要再次折回绕人跑。可以设定绕3~5次，最后看谁先完成并拍手示意。这增加了练习的复杂性和难度。

（7）在中线背对教练站立，教练站在高台上给予口令和手势。听到口令后，迅速回头并根据手势方向移动。随后跑过进攻线、端线或按照设定的距离和次数进行折回跑。这能够锻炼快速判断和长距离移动能力。

（8）两人或四人同时用手触摸场地中央的物体，一旦看到手势立即起动，进行四个来回或八个来回的移动。最后，看谁先摸到物体，这有助于提升多人协作能力和移动速度。

（9）从两边起点出发，多次折回并摸线或物体。看谁能够更快地完成这一连串动作。这个练习有助于提高快速折返和连续移动的能力。

（二）看球起动

（1）教练随机抛球，球员须快速移动接球，接球后立即将球抛回给教练，如此连续进行，直至达到规定的抛球次数。在需要提高难度时，可使用两个球进行训练。

（2）与上述练习相同，但改为两个球员互相抛球、接球，以此锻炼双方的反应速度和默契配合度。

（3）同样地，教练抛球，但此时由两名球员轮流接两个球，这要求球员不仅要有良好的反应速度，还需具备较强的专注力和判断力。

（4）教练抛球，一人接球，另一人则紧跟接球人移动，或者由2～3人跟随移动。这种练习方式有助于提高球员在多人防守情况下的接球能力和移动效率。

（5）教练抛球，球员需绕过两个标杆（或由两人组成的障碍物）去接教练抛出的任意球，这要求球员在移动过程中具备良好的身体协调性和判断力。

（6）教练使用垂直抛球作为信号，球员从指定位置起动，努力在球落地前从球下钻过。这种练习旨在提升球员的反应速度和增强身体灵活性。

（7）与上述练习类似，但教练站在高台上，突然放手让球下落并反弹，球员须在第二次球落地前钻过。这进一步增加了难度，考验球员的快速反应和身体控制能力。

（8）两名球员进行胸前传球，中间一人以传球动作为信号突然起动抢断球。这种练习有助于提高球员在传球过程中的防守意识和抢断能力。

（9）球员需要追逐并扣击在地上的反弹球，这要求球员具备出色的预判能力和快速移动能力。

（10）球员在两边移动后跳起接教练抛出的两侧高球，并在落地前将球抛回给教练。这个练习使用两个球轮流进行，旨在提高球员在移动中接高球的能力和稳定性。

### (三) 看别人动作起动

(1) 两人相对站立，分别位于场地任意一条线的两侧。其中一人随意向左或右移动，另一人则努力与对方保持相对位置，确保不被对方晃开。这项练习旨在提升双方的反应速度和移动能力。

(2) 与上述练习相同，但在两侧各设一个"门"，由两个人作为"门丁"守卫。一人需设法晃开对方，穿越"门"而出，而另一人则负责堵截。这样的练习有助于提升实战中的防守能力。

(3) 继续采用上述设置，但此次我们在网的两侧进行移动。一人主动晃开对方进行拦网，移动四个或八个来回后，看谁能够先摸到指定的物体。这项练习旨在提高在比赛中的拦网技巧和移动效率。

(4) 两人从两边出发，折回数次摸线或指定的物体，看谁能更快地完成。这一练习有助于提升快速折返和摸线的能力，对于比赛中的快速反击和防守转换具有重要意义。

### (四) 移动速度练习

(1) 进行原地快速小步跑的计时练习，以此提升腿部肌肉的快速收缩与放松能力。

(2) 在排球场地练习各种移动步法。向前时采用小步快跑，向两侧时则运用侧滑步，后退时则选择后退跑，以增强不同方向移动的灵活性。

(3) 沿着边线，用脚掌踩地，以各种小碎步前进，这有助于提升脚步移动的敏捷性和稳定性。

(4) 侧滑步移动是排球运动中的重要技巧，球员依次向左、右两边移动，要求步幅小，频率快。

(5) 进行侧交叉步移动训练，同样要求步幅小、步频快，以应对不同方向的快速移动需求。

(6) 为了进一步提高移动效率，练习侧交叉步加并步交叉，以及后交叉步加并步交叉的组合动作。

（7）在侧滑步练习中，可以适当增加难度，两步换一次方向（左右）前进，以增强身体的协调性和提高反应速度。

（8）进行向前或向两侧的滚动技术练习，以提高身体的柔韧性和自我保护能力。

（9）鱼跃动作是排球运动中常见的救球技巧，通过向前或向两侧进行鱼跃动作的练习，以增强身体的爆发力和灵活性。

（10）前扑动作同样是重要的救球技巧，通过向前或向两侧进行前扑动作的练习，以提升身体的协调性和反应速度。

（11）进行连续鱼跃动作的练习，首先向前做一次鱼跃，然后转体180°再向前做一次鱼跃，以增强身体的连续性和协调性。

（12）为了提升实战中的应变能力，练习向左晃动后变向右侧的滚动或鱼跃动作。

（13）根据教练的手势，以最快速度起动，在进攻线和中线之间或端线和进攻线之间往返快速移动，以提升比赛中的反应速度和移动能力。

（14）看信号进行往返3米的侧向滑动练习，以提升侧向移动的速度和稳定性。

（15）在自由练习环节，以最快速度向任意方向移动，强调起动和移动的速度要快，以提升整体的移动能力。

（16）进行与教练的互动练习。教练自抛自接球，球员见球出手就起动，接住球就停，通过这种方式看谁移动的距离长，以检验和提升球员的反应速度和移动速度。

（五）挥臂速度练习

（1）徒手练习，要求连续快速地挥动手臂30次，以锻炼手臂的灵活性和力量。

（2）手持2.5千克的杠铃片，模仿扣球时的挥臂动作，连续挥动20次。在挥动过程中，要确保动作舒展，以充分发挥肌肉的潜力。

（3）为了增加手臂的力量和协调性，可以手持足球、排球、垒球或1千克的实心球进行远掷练习，或者挥动羽毛球拍进行训练。

（4）跳跃起来掷排球或小支球等，这一练习不仅能增强手臂的力量，还能锻炼身体的协调性和爆发力。

（5）使用扣球的手法，对墙扔垒球或网球等。注意要向上方扔，伸直小臂，屈腕屈指。为了更好地掌握出手高度，可以在前上方设置一根横放的橡皮筋作为参考物。

（6）利用橡皮筋带或拉力器，进行各种增强肩关节和肩韧带力量的练习。

（7）为了增强整体力量，还可以进行轻杠铃的提、屈、挺等快速练习，这些练习对增强身体的爆发力和稳定性非常有帮助。

（8）进行30秒或1分钟的快速抖动手腕练习（放松小臂），并测定完成的次数，以评估和提升手腕的灵活性和耐力。

（9）尝试徒手使用扣球的手法挥臂抽打高点的树叶。这一练习要求动作放松，并有后振动作，抽打时肩部要向上伸展，以锻炼手臂的柔韧性和协调性。

## 三、耐力素质练习方法

排球运动员的耐力水平在比赛中至关重要，具体体现在弹跳耐力和移动耐力两方面。由于排球比赛没有严格的时间限制，一场比赛可能持续两小时左右，运动员需要不断地移动、接球和进行激烈的扑救。有时甚至需要完成高达300次以上的扣球和拦网动作。因此，专项耐力训练对于排球运动员来说至关重要，缺乏耐力的运动员很难在比赛中取得优势。

（一）弹跳耐力训练方法

（1）以本人弹跳高度的80%为标准，连续跳跃30次为一组，进行多组练习，每组之间休息2~3分钟。

（2）连续收腹跳跃，跳过8～10个高拦架。

（3）原地连续跳起触摸篮圈或篮板，以锻炼弹跳连续性和高度。

（4）连续跳上60～80厘米高的平台，增强腿部力量和弹跳稳定性。

（5）个人连续扣抛球90～120次，增强连续扣球时的弹跳耐力。

（6）三人轮流进行扣抛球练习，每人完成90～120次，提高团队配合能力和弹跳耐力。

（7）进行攻守转换练习，每次扣球后迅速退到进攻线防守，连续进行12～20次，锻炼实战中的弹跳耐力。

## （二）移动耐力训练方法

（1）根据教练员的手势指示，向各个方向快速移动，提高反应速度和移动耐力。

（2）两人手拉手成半蹲姿势，进行前后左右的移动练习，增强腿部和核心肌群的稳定性。

（3）沿着左前、前、右前的方向进行45米的进退移动练习，提高移动速度和耐力。

（4）个人连续进行传球练习，每次传球15次，锻炼传球时的移动耐力。

（5）两人进行换位传球练习，按照预定的传球顺序进行快速跑动和传球，重复进行以提高移动和传球的配合能力。

通过这些专项耐力的训练方法，可以有效地提升排球运动员的弹跳和移动能力，使其在比赛中更好地应对各种挑战，取得优异的成绩。

# 四、协调素质练习方法

排球运动员的协调性至关重要，这种协调性主要体现在中枢神经系统对各部位运动的精准调控，确保全身各部分能够协调一致地完成复杂的动作。协同能力作为灵活性的基石，其展现的正是协调性的实质。若缺乏协调性，灵活性的提升将变得异常困难。拥有出色的协调性对于运动员来说，是迅速掌握各类技术动作的关键所在。相反地，掌握更多样化、更精确的技术动作，也能反过来进一步提升协调性。

### （一）双臂协同绕环

双臂协同绕环是一个既实用又富有挑战性的练习，无论是在站立状态下还是坐在一个平稳的地方，都可以进行。这个练习的核心在于，需要让一只手臂按照顺时针方向进行前绕环，而另一只手臂则同时按照逆时针方向进行后绕环。这种练习不仅考验双臂的灵活性和力量，更重要的是，它能够锻炼双臂与中枢神经系统的协同工作能力。通过不断练习，双臂的动作更加协调和流畅，这对于提高运动表现和减少运动损伤都是非常有益的。

### （二）跳跃击掌练习

跳跃击掌练习是一种全身性的协调性训练，它要求在跳跃的同时，双手从体侧迅速击掌至头上并还原。这个过程中，需要控制好自己的身体平衡，保持稳定的跳跃节奏，并确保双手与双脚的动作协调一致。通过反复练习，可以增强全身各部位在动态中的协同性。这对于提高运动表现具有非常重要的作用。

### （三）单腿支撑跳跃

单腿支撑跳跃是一种强调腿部与上肢协调性的练习。在进行这个练习时，需要以一条腿为支撑，另一条腿则前后摆动，双腿交替进行。同时，双臂也需要配合腿部的动作，前摆时尽力触摸到脚面。这个练习不仅可以锻炼腿部力量和灵活性，还可以提高上肢的协调性。

### （四）改变常规动作练习

改变常规动作练习是一种提高身体协调性的有效方法。它要求打破原有的运动模式，尝试用非惯用手扣球和发球，用非惯用脚起跳，或者在坐姿状态下进行传球和发球，或在跑动中进行传球和扣球等。这些非传统的练习方式不仅可以让身体得到全面的锻炼，还可以提高球员运动的灵活性和适应性。

## 五、灵敏素质练习方法

在排球比赛中迅速起动，快速变换方向以及动作衔接等，都需要高度的灵活性。灵活性的强弱，常常决定一个运动员的技术水平。发展灵活性的游戏有如下几种。

### （一）两人拍背

这是一个锻炼反应速度和身体协调性的绝佳选择。游戏中，两位球员面对面站立，保持适当的距离。双方都要积极移动，目标是成功拍到对方的背部，同时要防止对方拍中自己的背部。这看似简单，却要求球员具有敏锐的洞察力、准确的判断力以及灵活的移动能力。随着游戏的进行，双方会不断调整自己的策略，时而进攻，时而防守，使得整个游戏过程充满紧张和刺激。通过这个游戏，不仅可以锻炼球员的反应速度和身体协调性，还能提升他们的思考能力和竞争意识。

### （二）拉网抽"鱼"

游戏中先指定一人作为"捕鱼者"去捕捉其他人。当"捕鱼者"成功捉到一人后，两人便手拉手形成新的"网"，再去捉第三人。如此循环往复，直到所有球员都被捉到为止。最后被捉到的那位球员将被视为胜利者。这个游戏不仅考验了球员的速度和反应能力，还考验了他们的团队协作能力。在游戏过程中，球员需要灵活应对，不断调整自己的策略和位置，以避免被

"网"捉到。同时，游戏还具有一定的竞技性和趣味性，使得球员能够在紧张刺激的氛围中享受运动的乐趣。

（三）垫上运动及滚翻

垫上运动及滚翻是体操运动中的基础训练项目，对于提高身体柔韧性、协调性和平衡能力有着显著的效果。其中，前滚翻和后滚翻是常见的滚翻动作，要求球员在垫子上按照一定的动作要领进行翻滚，通过不断练习来掌握正确的翻滚技巧和节奏。而鱼跃滚翻和前手翻等动作则更为复杂，需要球员具备较高的身体素质和技巧水平。这些垫上运动不仅有助于锻炼参与者的身体能力，还能培养他们的自信心和勇气，让他们在挑战中不断成长和进步。

## 六、比赛心理素质训练

（一）赛前心理训练

1.自我认知训练

自我认知训练，实质上是一种心理层面的自我激励与安抚，旨在提升运动员在比赛中的自信心。在排球运动训练中，这种训练方式尤为常见。运动员通过暗示自己具备参赛的充足实力，并预测能取得优异成绩，同时针对对手的技术战术特点，思考应对策略。这一训练有助于运动员在比赛中更加从容自信。

2.心理适应与准备训练

心理适应与准备训练的核心目标是使运动员提前适应比赛氛围和节奏，从而更快地进入比赛状态。为了达成这一目标，可以采取以下策略。

（1）一般准备

①事前了解对手的基本信息；

②分析自己的心理状态；

③根据比赛规程调整心理状态。

（2）模拟训练

通过模拟比赛环境和流程，让运动员提前熟悉比赛场景，为参加真实比赛做好充分准备。在排球日常教学中，教师可根据教学内容创设心理训练情境，帮助学生强化心理素质。

3.心理调节训练

心理调节训练旨在帮助运动员应对比赛中可能出现的各种心理干扰，保持积极心态。常用方法如下：

（1）赛前谈话。通过谈话激发运动员的参赛动机和斗志。

（2）复述比赛程序。让运动员反复熟悉比赛流程，减轻紧张和恐惧感。

（3）信息回避。学会屏蔽外界信息干扰，保持情绪稳定。

（4）心理自我调节。预想比赛中的成功场景，提升获胜的信心和体验。

（5）闭目静坐。通过静坐放松身心，增强比赛自信。

（6）催眠放松训练。运用催眠技巧缓解运动员的心理压力。

（7）主动疗法训练。主动放松肌肉，同时运用自我暗示法激活积极心理状态，激发运动员的竞赛热情。

通过这些心理训练方法，排球运动员可以更加从容自信地面对比赛，取得更好的成绩。

（二）赛中心理调控

排球比赛中，教练员的实时指导虽至关重要，但受限于各种因素，运动员仍需更多地依靠自我来调适心理状态，以应对比赛的起伏与变化。优秀的排球运动员必须掌握在赛中灵活调控心理状态的能力，以下是一些实用的心理调控方法。

1.自我暗示法

当比赛中出现不良情绪时，运动员可以运用自我暗示的技巧，通过积极的内心对话来稳定情绪，使自己迅速进入比赛状态。这种方法有助于消除外界不良刺激的影响，使运动员以更加积极的心态投入比赛中。

2.呼吸调整法

在比赛节奏快、气氛紧张的情况下，运动员可能会出现心理紧张的情绪。此时，深呼吸成为了一个有效的调节方式。通过深呼吸，运动员可以放松身心，缓解紧张情绪，并为身体提供更多的氧气，有助于更好地应对比赛。

3.注意力转移与集中法

当受到观众干扰、教练误判等不良因素刺激时，运动员需要迅速调整自己的注意力。通过转移注意力，使自己从不利因素中解脱出来，专注于比赛本身。这样可以帮助运动员排除杂念，全身心地投入当前比赛中。

4.思维阻断法

排球比赛中的意外情况常常令人措手不及，如现场观众的不良言语或大比分落后等情况可能会让运动员情绪低落。在这种情况下，运动员可以采取积极思维的方式来克服消极意识。通过替换消极思维为积极思维，如"观众在为我加油""我能打好下一个球""稳住，对手快坚持不住了"等，重新激发斗志和信心。

5.自我宣泄法

面对不利的赛况，运动员可以通过一些动作如擦汗、握拳、呐喊等进行自我宣泄，将不良情绪释放出来。这样做有助于调整心态，重新找回比赛的节奏和信心，继续投入比赛中。

掌握这些心理调控方法，排球运动员将能够更好地应对比赛中的各种挑战，保持稳定的心理状态，发挥出自己的最佳水平。

（三）赛后心理恢复

排球运动比赛无疑是对运动员身心能量的巨大考验。赛后，为了能够迅速调整状态，重新投入日常训练，运动员需要采取一系列有效的方法来促进心理恢复。

运动员需要调整自己的认知，端正比赛态度，做到"胜不骄败不馁"，保持一颗平常心。在日常训练中，也应该注重提高自我认识，学会在各种比赛条件下保持稳定的心理状态。

运动员可以利用语言暗示来消除赛后疲劳。排球比赛对运动员的心理消耗极大，赛后往往容易出现心理疲劳和不良情绪。此时，运动员可以通过自我暗示或接受他人的暗示来放松身心，缓解疲劳。

赛后放松也是促进心理恢复的重要手段。运动员可以通过多种方式进行身心放松，如运用生物反馈训练法、催眠术、想象放松训练等。这些方法都有助于解除心理疲劳，使运动员能够更快地恢复状态。

最后，参加娱乐、休闲活动也是缓解心理疲劳的有效途径。运动员可以选择适合自己的娱乐方式，如看电影、听音乐、进行户外运动等，以放松身心，调整心态。

# 第七章
# 高校排球技术趣味游戏训练法

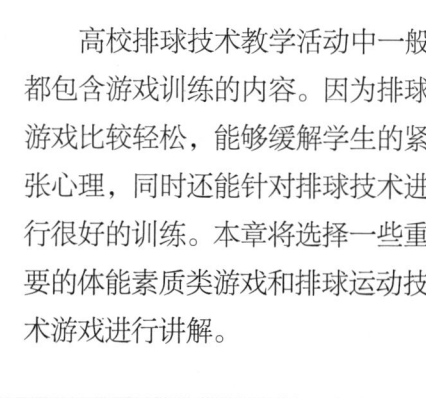

高校排球技术教学活动中一般都包含游戏训练的内容。因为排球游戏比较轻松,能够缓解学生的紧张心理,同时还能针对排球技术进行很好的训练。本章将选择一些重要的体能素质类游戏和排球运动技术游戏进行讲解。

# 第一节  熟悉球性的游戏练习

## 一、中心球游戏

游戏目的：通过有趣的传球活动，激发学生对排球的兴趣和热情，提升他们在传球方面的能力。

游戏准备：首先，需要一块标准的排球场地，确保场地平整、安全。其次，准备若干排球，供学生使用。最后，在场地上画两个直径为9米的圆圈，用于学生传球。

游戏方法：将学生分成若干队，每队人数相等。每队学生围绕圆圈站立，两臂间隔，保持适当的距离。每队的队长将站在圆心位置，手持排球。游戏开始后，队长将按逆时针方向依次将球传给圈外的每个学生，学生接到球后再传给队长。传球过程中，队伍需要保持队形，不得有人进入圈内。先完成一轮传球的队伍将被判定为胜者，也可以采用计时方式，规定时间内传球次数多的队伍获胜。

游戏规则：

（1）传球学生必须严格站在圈外进行传球，不得擅自进入圈内，否则将被视为违规。这一规则旨在确保游戏的公平性和安全性，同时也有助于培养学生的传球技巧和团队协作能力。

（2）传球中若出现失误，失误者需拾球后继续游戏。

（3）传球过程中不得隔人传递。

通过这个游戏，学生不仅可以在轻松愉快的氛围中锻炼传球技巧，还能增强团队协作意识，提高对排球运动的兴趣和热情。

## 二、球击圈内人游戏

游戏目的：提升学生的兴奋性，锻炼快速移动能力。

游戏准备：排球2个，秒表1块，画一个直径为9～12米的圆圈。

游戏方法：将学生分为甲乙两队，人数相等。甲队学生站在圈内，乙队学生持球站在圈外。教师发令后，乙队用排球击打甲队学生，甲队需在圈内跑跳躲避。乙队可相互传球，寻找机会击球。被击中的甲队学生退出圈外。3分钟后交换队伍，最后剩余人数多的队伍获胜。

游戏规则：

（1）乙队学生只能在圈外击球，若进入圈内则击球无效。球若掉入圈内，乙队可进入捡球，但必须将球带出圈外或传出后才能继续游戏。

（2）禁止击打头部，若击中头部则击球无效，并将击球者罚出场外。

## 三、接球击人游戏

游戏目的：本游戏旨在锻炼学生的反应速度与移动能力，提升他们在快速变化环境中的应对技巧。

游戏准备：1个排球。

游戏方法：学生们在半个排球场内分散站立，等待游戏的开始。教师将排球抛向空中，一旦有学生成功接住球，他即可在原地使用排球击打其他学生。而那些没有球的学生则需要迅速跑动，以躲避球的击打。

当球落地后，任何学生都可以迅速捡起球并继续游戏。同样，如果某学生成功接住其他学生掷来的球，那么该学生也不算被击中，可以继续用球击打其他学生。如果排球滚出了场地，学生可以去捡回。但捡回球后，学生不能直接进入场内击打其他学生，而只能在场地外使用排球击打场地内的学生。一旦球被成功击出场地，该学生便可再次进入场地继续游戏。

通过这一游戏，不仅可以锻炼学生的反应速度和奔跑能力，还能使其在游戏中享受到乐趣。

游戏规则：

（1）禁止击打头部，若击中头部则击球无效，并将击球者罚出场外。

（2）接到或捡到球后，学生不得移动位置，只能原地掷球击打，若移动位置则击球无效。

# 第二节　提高协调能力与速度能力的游戏练习

## 一、提高协调能力的游戏练习

（一）发球得分赛

游戏目的：本游戏旨在通过一系列排球动作，锻炼学生的力量与协调性，帮助他们提升在排球运动中的表现，并培养他们在运动中的快速反应能力。

游戏准备：首先，在标准的排球场地上标明发球得分区和端线发球区，确保区域划分清晰。接着，准备适量的排球，供学生在游戏中使用。

游戏方法：将学生分为两队，每队人数相等，分别站在两端线外。甲队先发球，乙队负责捡球。甲队队员依次在发球区内发球，根据球落在不同得分区进行计分。发球后，队员需站至队尾，由下一名队员继续发球。两队轮流发球，直至全队发完，得分高的队伍获胜。

游戏规则：

（1）发球必须在指定区域内进行，不得越过或踩踏端线。

（2）发球出界或触网均视为失误，不计分，由本队下一位队员继续发球。

（二）地滚球挑战

游戏目的：提升学生的灵敏性和协调性。

游戏准备：排球1个，实心球4个，画一个长24米、宽16米的长方形场地，设置球门和禁区。

游戏方法：将学生分为两队，每队人数相等，分散在场地内。两队队长争夺发球权。发球队在后场端线外用地滚球方式发球，通过队员间的地滚球传递，向对方球门射门。球直接射入球门或防守者挡出一次射入球，均有相应计分。每名队员防守一次后，以得分高低决定胜负。

游戏规则：

（1）每轮游戏时间为1分钟，之后更换防守队员。

（2）进攻队员不得进入禁区，否则射中无效。

（3）进攻时只能用头顶球或踢低于膝下的球，且需直接命中才有效。

（4）若用穿裆球射中球门，每次得2分。

（三）滚球接力赛

游戏目的：增强学生的下肢力量，提升他们的身体协调性，进而促进全面发展。

游戏准备：首先，需要准备一块标准的排球场，确保场地平整、安全。其次，准备适量的排球，供学生们在游戏中使用。在准备过程中，还需要注意检查排球是否完好，以免在游戏过程中出现破损或漏气等情况，影响游戏体验。

游戏方法：将学生分为2～3组，每组纵队站在端线后，排头学生双手各持一球。教师发出信号后，学生依次用双手滚动排球前进，从端线至中线再返回端线，交给下一名队员，自己则站至队尾。全队完成后，先完成的队伍获胜。

游戏规则：

（1）运球时双手不得离球，必须边滚边前进。

（2）到达中线需绕过标志，返回时球需越过端线，下一人方可开始。

（四）搬运球接力

游戏目的：通过此游戏，旨在提升学生的兴奋性，使他们全身心投入活动中，同时全面提升学生的身体素质，包括力量、速度、协调性和耐力。

游戏准备：选择一块宽敞的空地作为游戏场地，确保地面平整且无障碍物。准备6~8个排球，放在场地的端线上。

游戏方法：将学生分为两队，每队人数相等。每队学生排成纵队，站在各自队伍的端线后。每个队伍的端线上都放置排球。游戏开始时，根据教师的信号，每队的排头学生迅速双手抱起3个（或4个）排球，然后快速跑至对面的端线。到达对面端线后，下一名学生立即出发，继续搬运排球至本队端线。如此往返搬运接力，每个学生都需完成一次搬运任务。当全队学生都完成搬运任务后，比赛结束。先完成全队搬运任务的队伍为获胜方。

在游戏过程中，学生需要充分发挥自己的力量和速度，快速搬运排球，并注意与队友之间的配合和协调。同时，搬运过程中也需要保持身体的平衡和稳定，避免摔倒或受伤。

这个游戏不仅考验学生的个人能力，更强调团队协作和默契配合。通过游戏，学生可以锻炼自己的身体素质，提升兴奋性，增强团队意识，享受运动带来的快乐。

游戏规则：搬运过程中需保持双手持球，不得掉落或用手臂夹带。

## 二、速度素质游戏

（一）单双数

游戏目的：提高学生的快速反应能力和奔跑速度。
游戏准备：准备一个半径为15米的圆形场地。

游戏方法：学生均匀地站在圆形场地的外围，面朝圆心并按"1、2"进行报数，每两人组成一个小组。游戏开始后，所有学生开始逆时针绕圈跑。当教师喊出"1"时，报数为单数的学生需迅速跑进圈内，而报数为双数的学生则迅速去抓住那些跑入圈内的单数学生，以阻止他们入圈。相反，当教师喊出"2"时，单数学生则负责抓双数学生。被抓住的学生退出游戏，误抓的学生也同样停止游戏。游戏反复进行，最后留下的学生即为胜者（图7-1）。

游戏规则：

（1）在学生进圈之前，若被对方触拍到，即视为被抓住。

（2）学生只能在圈外跑动，不得踩线或提前进入圈内。违反此规则者将被视为犯规，退出游戏。

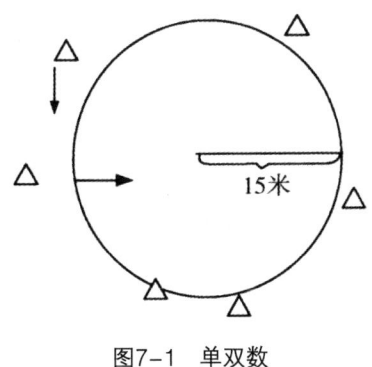

图7-1　单双数

（二）你抓我救游戏

游戏目的：锻炼学生的移动速度和反应能力。

游戏准备：选择一个空旷的场地作为游戏区域。

游戏方法：在场地中央设置一个"禁区"，并指定5名学生作为追逐者，其余学生作为被追逐者。被追逐者可以在除"禁区"外的场地自由跑动。一旦被追逐者被抓，他们需进入"禁区"。此时，未被抓住的学生可以与"禁区"内的同伴击掌，以解救被抓的同伴。当所有被追逐者都被抓入"禁区"时，游戏结束；或者当"禁区"内的所有学生都被成功解救时，游戏也结束。

游戏规则：
（1）解救被困者时，必须与被困者击掌确认。
（2）在解救过程中若被抓，同样进入"禁区"。
（3）拍到无效，必须实际抓住被追逐者才算成功。

### （三）两人三腿赛

游戏目的：提高学生的跑速和协同移动能力。
游戏准备：选择一块排球场地作为游戏区域。
游戏方法：将学生两两分组，每组学生肩并肩站立，相邻的两脚使用绑带紧密绑在一起。一旦游戏开始，各小组以这种独特的"三"条腿方式，协同一致地迈向场地的另一端线。在此过程中，学生互相配合，保持平衡与协调，以最快速度到达终点。首个到达端线的小组将被判定为胜者，他们将体验到合作成功的喜悦与自豪感。
游戏规则：
（1）若在行进过程中摔倒，可立即爬起继续前行。
（2）只有当"三条腿"都完全越过端线时，才算到达终点。

### （四）接力赛跑

游戏目的：锻炼学生的快速移动能力和团队合作能力。
游戏准备：准备两个排球作为接力物。
游戏方法：全体学生均分为两队，纵队站立于端线后。游戏开始，每队的第一名学生从端线出发，边跑边用排球进行拨动，穿过设定的网后将球传给本队的第二名学生。第二名学生须在第一名学生传球后才能从端线出发，接到球后迅速跑回端线，并与下一名学生完成接力。依此类推，直至全队完成接力。先完成接力的队伍即为胜者（图7-2）。
游戏规则：接力过程中，学生不得抢跑，必须等上一名学生传球后才能出发。

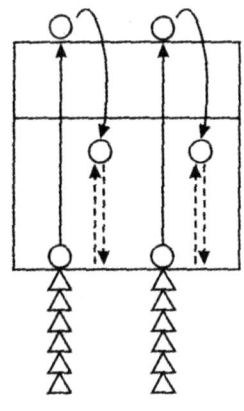

图7-2 接力赛跑

## 第三节　垫球类游戏练习

### 一、持球接力挑战赛

游戏目的：帮助学生熟悉垫球技巧，提升灵敏度和协调性。

游戏准备：准备一块排球场地及若干个排球。

游戏方法：所有学生平均分为两队，两队分别站在排球场的两端线处。游戏一开始，每队的排头队员使用垫击球的正确部位将球托起，然后持球跑进，穿越球网到达对方区域的端线处，再绕回原路。到达起点后，将球交给队伍中的下一位队员，该队员继续执行相同的动作。如此循环，直至全队完成接力。最先完成接力的队伍将赢得比赛（图7-3）。

游戏规则：

如果球在跑动过程中落地，队员应立即捡起球，并在球落地的地方重新开始。前进过程中,不得使用双臂夹球。

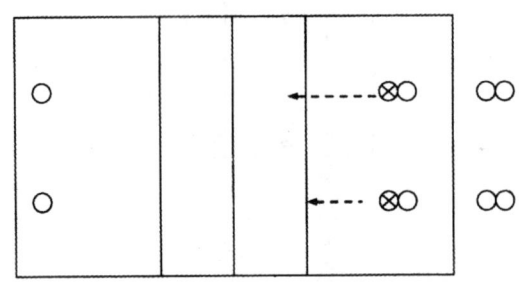

图7-3 持球接力挑战赛

## 二、弹跳入瓮

游戏目的:通过实践练习,提升对排球的熟悉度和操控能力。

游戏准备:准备半块标准的排球场地以及若干个排球,确保游戏过程中有足够的球供参与者使用。

游戏方法:游戏以两人为一组进行,其中一名队员担任持球者角色。游戏启动时,持球者需将排球向地面抛去,待球反弹至高于头顶的位置后,另一名队员运用正确的垫球技巧,将球稳稳地接住。在限定的时间内,能够成功接住球且保持稳定的次数越多的队伍为优胜者(图7-4)。

游戏规则:

(1)抛出的排球在反弹时必须达到高于参与者头顶的高度,以增加垫球的难度和挑战性。

(2)只有当队员使用正确的垫球部位,并成功将球持稳,此次接球才被视为有效,否则不计入接球次数中。

通过这一游戏,参与者不仅能够在轻松愉快的氛围中提升垫球技能,还能增强团队协作和沟通能力,为日后参加排球比赛打下坚实基础。

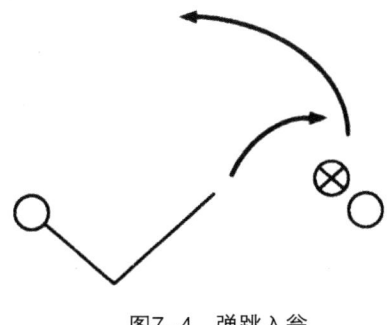

图7-4 弹跳入瓮

## 三、你来我往

游戏目的：通过接力形式的垫球练习，锻炼学生的垫球技术和控球能力，提升他们在排球运动中的反应速度和协调性。

游戏准备：准备一块标准的排球场地、若干个排球，以确保游戏过程中每个队伍都有足够的球进行练习。

游戏方法：将学生平均分成若干支队伍，每队人数相同，确保各队实力均衡。每队学生面对面站成两列，保持适当的间隔。游戏一旦开始，每队的排头学生开始自垫球，同时向前移动。当该学生到达对面并将球成功传给对面队伍的第一名学生后，该名学生继续垫球前进。以此类推，直到全队完成接力。最先完成接力的队伍荣获胜利，具体队形可参考图7-5。

游戏规则：

（1）学生在垫球过程中必须保持连续性的击球动作，并同时向前移动。若球不慎落地，该学生在球落地处捡起球，并从该位置重新开始垫球和移动。

（2）在整个游戏过程中，学生不允许持球跑动，必须通过垫球的方式将球传递给下一名学生。违反此规则将重新开始或受到相应的惩罚。

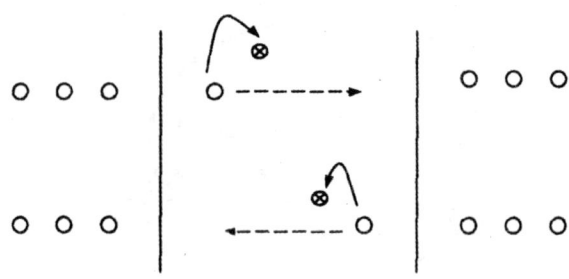

图7-5 你来我往

## 四、反弹流量

游戏目的：通过面向墙壁的垫球练习，锻炼学生的反应速度和判断能力，同时提高垫击球技术的熟练度和准确性。

游戏准备：选取一块平坦且靠近墙壁的空地作为游戏场地，并准备适量的排球，确保游戏过程中球的数量充足。

游戏方法：学生以两人为一组，前后站立。由站在后面的学生负责将排球投向墙壁，当球从墙壁反弹回来时，站在前面的学生须迅速反应，用正确的垫球技巧将球垫起。每组按规定次数（如10次或20次）扔球，并记录成功垫起的次数。通过不断练习，逐渐提高垫球的准确性和稳定性，可参考图7-6。

游戏规则：

（1）学生必须在球从墙壁反弹并即将落地之前成功垫起球，否则不计入成功次数。

（2）练习过程中，学生只能使用垫球的方式完成任务，不得使用手抓、抱或其他方式触碰球。违反规则将导致该次尝试无效。

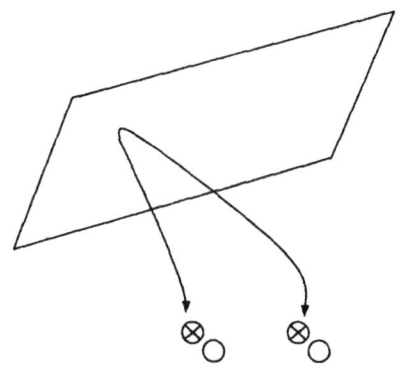

图7-6 反弹流量

## 五、垫球竞速

游戏目的：通过一系列的传垫球练习，提高学生的传垫球技术和控球能力，增强他们在排球运动中的协调性和灵活性。

游戏准备：准备一块标准的排球场地、两个排球，以确保游戏的顺利进行。

游戏方法：将所有同学平均分为两队，每队成员站成纵队排列。游戏开始，每队的排头队员双手持球，双手垫球向指定位置移动。一旦到达指定位置，队员改用单手垫球，并沿原路返回起点，随后将球传递给队伍中的下一位队员。两队按此顺序依次进行，直至全队成员完成这一循环。最先完成游戏任务的队伍获胜，具体队形可参考图7-7。

游戏规则：

（1）在垫球过程中，若发生失误导致球落地或失控，队员须在原地调整状态并继续垫球，期间不得擅自移动位置。

（2）为了确保游戏的挑战性和效果，每位队员在移动过程中至少需要进行5次以上的垫球，以锻炼其控球能力和稳定性。

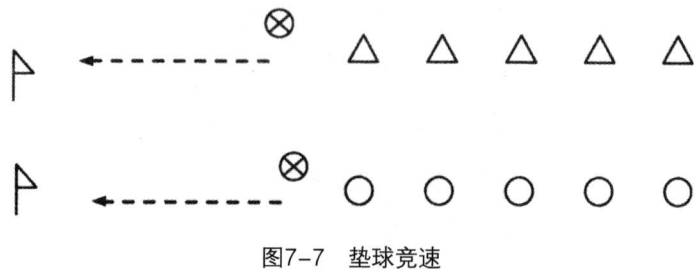

图7-7 垫球竞速

## 第四节　传球类游戏练习

### 一、步步高

游戏目的：通过高低位自传球练习，提升学生的控球技巧，增强手感的敏锐度和准确性。

游戏准备：准备一块标准的排球场地、足够数量的排球，确保每位同学都能手持一球进行练习。

游戏方法：每位同学手持排球，按照规定的顺序进行高低位自传球练习。首先，进行一次高位自传球，传球的高度应超过头顶至少1米的距离，以确保与低位传球形成鲜明的对比。紧接着，再进行一次低位自传球，传球的高度相对较低，以体验不同传球方式下的手感变化。同学们需交替进行高位和低位传球，并自行计算完成的传球次数。最后，以累计传球次数多者为胜者，展现其在控球技巧和手感敏锐度方面的优势，具体可参考图7-8。

游戏规则：

（1）在进行自传球时，同学们必须使用正确的手形，并确保击球点稳定，以提高传球的准确性和控制力。

（2）高位传球的高度必须符合规定，确保传球高度超过头顶至少1米，以形成与低位传球的明显差别，从而有效锻炼控球技巧。

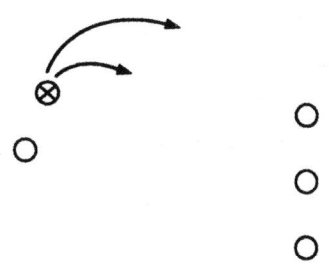

图7-8　步步高

## 二、越网传球大挑战

游戏目的：旨在通过一系列传球和移动练习，提升学生的传球精准度、控制能力以及身体协调性。

游戏准备：准备一块标准的排球场地，并放置排球若干个，确保每位同学都能手持一球进行练习。

游戏方法：同学们各自手持排球，站在球网的一侧。游戏开始后，同学们将球精准地传向球网的另一侧，并迅速穿越球网到达对面，接住球后继续传球1~3次。完成这一连串动作后，同学们再将球传回原侧，并重复此过程。在规定的时间内，能够成功完成传球并移动的次数越多，则获得的胜利概率越大，具体可参考图7-9。

游戏规则：

（1）若在传球过程中球不慎落地，同学须立即捡起球并继续传球，不得因球落地而中断游戏。

（2）传球时，同学们应保持与球网的一定距离，避免过于靠近球网，确保传球的安全性和准确性。

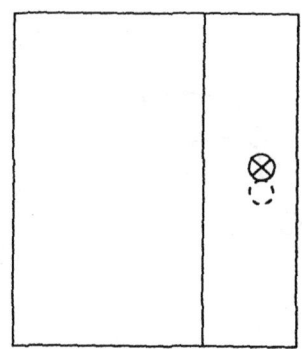

图7-9 越网传球大挑战

## 三、鲤鱼跳跃接力赛

游戏目的：通过接力传球的方式，提升学生的传球控制力和精准度，并提升他们在排球运动中的协调性和团队配合能力。

游戏准备：准备一块标准的排球场地与足够数量的排球，确保每位同学都能参与到游戏中来。

游戏方法：将所有同学平均分为两组，每组同学分别站在排球场端线外的纵队中。当听到开始的信号后，每组的排头同学开始自传球，同时向前移动。当到达网前时，需要自传高球过网，然后从网下穿过，继续接传球前进，直至顺利到达对方区域的端线。完成这一连串动作后，下一位队员接替进行，以此类推。整个过程中，两组队员将进行接力传球，最先完成整个接力过程的队伍获胜，可参考图7-10。

游戏规则：

（1）在自传球、传高球过网以及接自传球前进的过程中，球不得落地。若球不慎落地，该队员须在落点处重新开始传球和移动。

（2）在传球练习过程中，若队员出现错误动作，如传球高度不够、传球偏离目标等，须立即停止当前动作，并在原地重新进行正确的传球练习，直至熟练掌握正确的传球技巧。

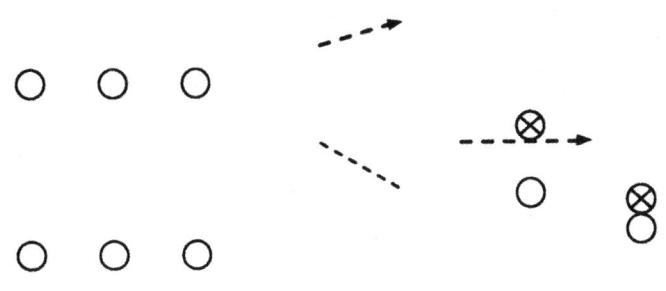

图7-10　鲤鱼跳跃接力赛

## 四、三角火线

游戏目的：通过实践练习，提升学生的传球与扣球技能，增强团队间的默契配合与协作能力。

游戏准备：准备一块标准的排球场地，并摆放10个排球，确保每个小组都有足够的球进行练习。

游戏方法：每三人组成一个小组，小组成员站成等腰三角形，彼此间距为4米。游戏开始后，队首的同学负责将球抛给本组的另一名队员，随后完成扣球动作，扣下垫回的球。三人依次轮换进行传球、垫球和扣球动作，确保每个成员都能得到充分的练习机会。在规定的时间内，完成20次动作（包括10次扣球和10次垫球）且失误较少的队伍将被判定为胜者，具体队形可参考图7-11。

游戏规则：

（1）接力队员必须耐心等待本队队员完成当前动作后，方可进行下一轮的动作练习，以确保游戏的顺利进行。

（2）传球队员在传球过程中，必须严格遵守规则，不得以抛球的方式代替传球,以锻炼和提升传球技能。

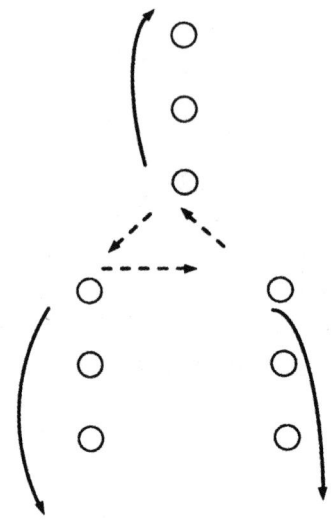

图7-11 三角火线

## 五、传球接力赛

游戏目的:通过一系列传球练习,增强学生的控球能力,并培养团队协作精神和默契配合能力。

游戏准备:准备两个排球和一个标准的排球场,确保场地和器材完好无损。

游戏方法:将参与者均匀分成两个队伍,并分别站成两个圈。每个队伍的圈都围绕在排球场的一边,并确保有足够的空间进行传球和移动。在起点位置(点1、点2)的两位队员开始传球,随后整个队伍顺时针转动,下一位到达起点位置的队员继续传球,如此循环进行,直至达到规定的传球次数,具体队形可参考图7-12。最先完成指定传球次数的队伍将成为胜者。

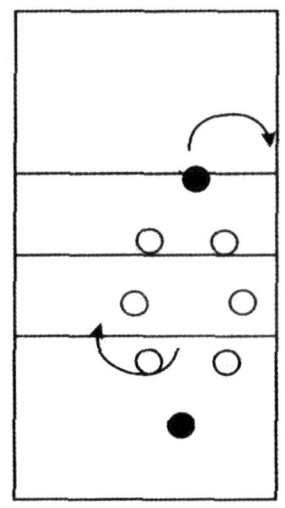

图7-12 传球接力赛

游戏规则：

（1）传球时必须确保球跨越过网，不得在网下进行传球。

（2）传球必须严格按照规定的顺序进行，不得随意更改或跳过任何一位队员，以确保每位队员都有机会参与传球练习。

# 第五节 发球类游戏练习

## 一、打靶挑战赛

游戏目的：通过练习发球，锻炼学生的发球力量与精准度，提升排球运动技术水平。

游戏准备：在排球场上设置两个明显的靶台，并准备好若干个排球。在场地上明确标出一条发球线，并在距离该线10～12米的合适位置放置两个靶台，确保发球距离适中。

游戏方法：将所有同学均匀分成若干支队伍，每队排成一列站在发球线后。游戏开始后，每队的排头队员负责向靶台发球，若成功击中靶台，则队伍将获得1分。随后，排头队员回到队伍末尾，下一位队员上前发球，依次类推，直至全队队员都完成发球，具体队伍排列可参考图7-13。最后，统计各队的得分，得分高的队伍获胜。

游戏规则：

（1）发球必须严格按照队伍的顺序依次进行，不得插队或跳过任何一位队员，以确保每位队员都有机会参与发球练习。

（2）若发球未击中靶台，则不计分，该队员须立即返回队伍末尾，由下一位队员上前发球。

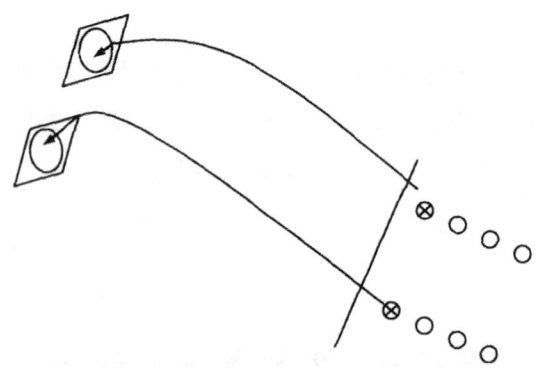

图7-13 打靶挑战赛

## 二、发球得分赛

游戏目的：提升学生发球的准确性。

游戏准备：准备若干个排球。

游戏方法：将两个半场各自划分为六个区域，并在每个区域上标注数字。随后，将学生均匀分成两队，两队成横队站在端线后。游戏开始后，每队学生依次发球，并根据球的落点来计算得分，失误则为0分。最终，得分高的队伍将获得胜利（图7-14）。

游戏规则：

（1）发球时必须使用正确的发球方法。

（2）若球压线，则算作成功发球。若球压在分区线上，则得分将按照高分区的分数计算。

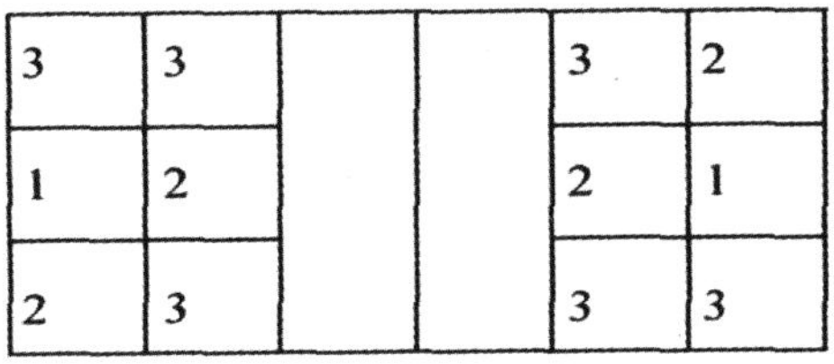

| 3 | 3 |  | 3 | 2 |
|---|---|---|---|---|
| 1 | 2 |  | 2 | 1 |
| 2 | 3 |  | 3 | 3 |

图7-14 发球得分赛

## 三、心灵手巧挑战赛

游戏目的：提高发球技术水平。

游戏准备：准备一块标准的排球场地，以及若干个排球，供游戏使用。

游戏方法：首先，全体学生将被均匀地分成两个队伍，每队再进一步划分成若干三人小组。接着，将排球场划分为三个不同的区域：3分区、2分区和1分区（图7-15）。其中，3分区是二传手需要迅速跑动到位，确保顺利传球并组织进攻的区域；2分区则是通过队员的协作，对进攻进行必要调整的区域；而1分区则是无法直接发起进攻，但可以通过处理球来避免失误的区域。

在游戏过程中，队员们需要密切关注传来的排球，判断其落入的区域，并根据不同的区域获得相应的分数。具体来说，如果发球成功，队伍将获得

3分；如果能够有效破坏对方的进攻，队伍将获得2分；若发球成功过网，队伍将获得1分；而如果发球失误，则不得分。

每位队员将依次发球，发球后轮换至下一位队员。游戏将继续进行，直至所有队员都完成发球。最终，得分高的队伍将获胜。

游戏规则：

（1）发球队员必须在对方队员准备就绪的情况下进行发球。

（2）接发球队员只能使用一次传球动作，不允许多次调整。

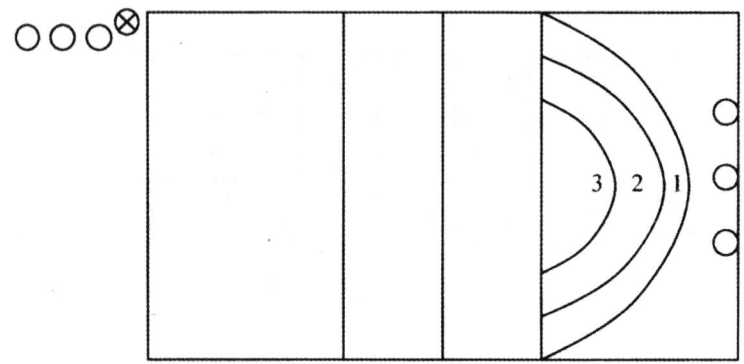

图7-15　心灵手巧挑战赛

## 四、百步穿杨挑战赛

游戏目的：锻炼学生发球的精准度，提升他们在排球比赛中的发球能力。

游戏准备：准备一块标准的排球场地，确保场地平整、安全。同时，准备若干个排球，供学生在游戏中使用。

游戏方法：将全体学生均匀分成若干队伍，每队队员都有两次发球机会。其中，第一次为直线发球，要求队员将球直接发到对方场地的直线区域内；第二次为斜线发球，需要将球发到对方场地的斜线区域内。每次成功发球得1分，若队员能够成功发出直线和斜线两种发球，则额外获得1分（图

7-16)。全队队员依次进行发球，最后累积得分高的队伍获得胜利。

游戏规则：

（1）在发球前，队员须明确告知裁判自己的发球线路（直线或斜线），并按照所确定的线路进行发球。只有按照事先确定的线路成功发球，才能获得相应的分数。

（2）发球手法不受任何限制，队员可以根据自己的习惯和技巧自由选择发球方式。但需要注意的是，发球时必须遵守排球比赛的规则，不得出现违规行为。

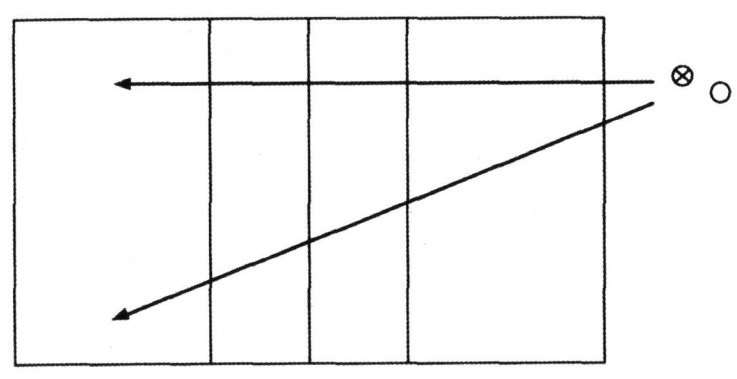

图7-16 百步穿杨挑战赛

## 五、流星赶月挑战赛

游戏目的：锻炼学生的手臂力量，提升发球的准确性，增强对排球的控制能力。

游戏准备：准备一块标准的排球场地，确保场地平整且安全。同时，准备10个排球，供学生在游戏中使用。

游戏方法：将学生分成若干小组，每组4人。每组学生站在排球场半场内，由其中两名学生负责发球，尽量将球准确地发到指定的位置。随后，四人轮流击球。当该组学生在游戏中失误达到5次时，将由场下的另一组学生替换上场，游戏重新开始。

在游戏过程中，学生需要注意控制发球的力度和角度，以确保能够准确地发球到指定位置。同时，还需要与队友紧密配合，共同应对对方的进攻，保持球不落地（图7-17）。

游戏规则：

（1）发球时，禁止使用掷球的方式，必须用手臂力量将球发出。

（2）若在击球过程中未能击中球或接球时球落地，均视为失误，失误次数累计达到5次时，该组将替换下场。

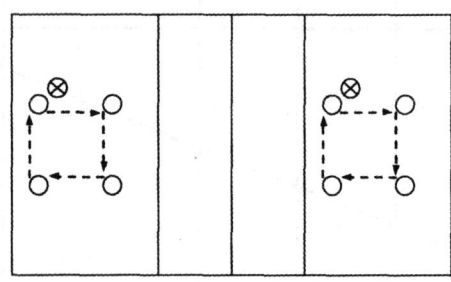

图7-17　流星赶月挑战赛

# 第六节　扣球类游戏练习

## 一、投扣靶心竞技赛

游戏目的：提高学生在排球比赛中的扣球能力。

游戏准备：首先，在排球场上画一个直径为2米的圆，作为目标区域。

接着，准备乒乓球、垒球若干个，供学生在游戏中使用。

游戏方法：全体同学将被均匀分为两队，游戏正式开始。每队的排头将从4号位开始进行助跑起跳扣球或投球，目标是将球准确扣入或投入对方区域画好的圆圈内。每当成功扣入或投入一次，该队将获得1分。随后，下一名队员将继续进行扣球或投球，直至全队同学都完成一轮。最后，得分多的队伍将被判定为获胜方。

在游戏过程中，学生需要充分掌握扣球或投球的标准动作，确保每一次动作都准确、规范。同时，他们还需要注意控制球的力度和方向，确保能够成功地将球扣入或投入目标区域（图7-18）。

游戏规则：

（1）学生在进行扣球或投球时，必须严格按照扣球或投球的标准动作进行，以确保动作的准确性和规范性。

（2）在进行扣球或投球时，学生不得触网，否则将被视为违规，该次扣球或投球不得分。

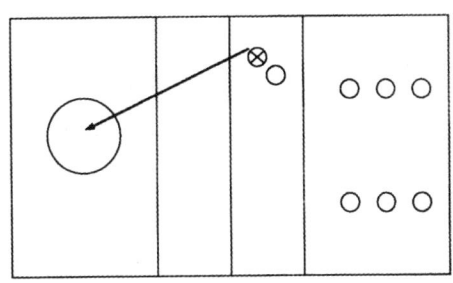

图7-18 投扣靶心竞技赛

## 二、纵深突破挑战赛

游戏目的：通过专业的后排扣球练习，提升学生的扣球技术水平，并增强其扣球力量，使其能够在排球比赛中发挥更出色。

游戏准备：首先，准备一块标准的排球场地，确保场地平整、安全且符合比赛要求。接着，准备若干个排球，供学生在游戏中使用。

游戏方法：全体同学将被均匀分成若干队伍，每队成员在限制线后站成一列。游戏开始时，每队的第一位同学自抛球并进行后排扣球练习。若成功将球扣入对方场地，则该队得1分。随后，该队下一位同学继续进行扣球练习，以此类推，直至全队同学都完成扣球练习。最后，累计得分高的队伍获胜。

游戏规则：

（1）在后排进行扣球，并且成功将球扣入对方场地才算得分，否则不得分。

（2）扣球时需要有一定的力量，若力量不足，将会受到扣分处罚。

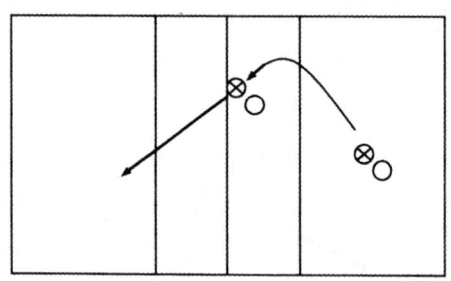

图7-19 纵深突破挑战赛

## 三、双扣双接协作

游戏目的：提升学生的扣球、传球、垫球技术水平，同时培养团队合作精神和默契配合能力。

游戏准备：首先，确保有一块标准的排球场地可供使用。其次，准备10个排球，供学生在游戏中使用。

游戏方法：将学生分成若干小组，每组4人。游戏开始时，从1号位开始，队员将球传给2号位，随后2号位进行扣球。扣球后，3号位迅速接球，并将球垫传给4号位，接着4号位扣球传给1号位，如此循环进行，确保球的传递连续不断。在游戏过程中，各组成员须紧密配合，力争减少失误。失误较少的组最终获得胜利（图7-20）。

游戏规则：

（1）球在传递过程中不得落地，若球落地则视为失误，失误次数将被累计。

（2）若一个组连续失误3次，则该组将被淘汰出局，无法继续参与游戏。

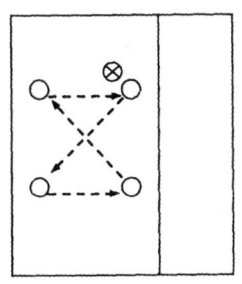

图7-20　双扣双接协作

## 四、扣球接力

游戏目的：全面锻炼学生的扣球综合能力，包括扣球力量、准确性以及与队友的配合能力。

游戏准备：为了顺利开展本游戏，首先需要准备一块标准的排球场地，确保场地平整、安全且符合比赛要求。同时，准备若干个排球，供学生在游戏中使用。还可以根据实际需要设置标志物或划定特定区域，以便更好地进行游戏和计分。

游戏方法：全体学生被均匀分成两组，分别站在场地两侧。在3号位，由教练或二传手负责抛球。学生从6号位开始，先进行一次垫球，然后将球传递给3号位的队友。3号位的队友上网扣球，扣球动作须连贯流畅，并确保球落在场地界内。最后，统计两组扣球成功的次数，次数多的组即为胜者。

游戏规则：

（1）学生必须将球准确地垫到3号位队友手中。

（2）扣球者在整个过程中不得触网，否则视为违例。

## 第七节　拦网类游戏练习

### 一、猴子捞月挑战

游戏目的：提升学生的拦网判断能力、反应速度以及起动与移动技巧，同时帮助学生更好地掌握起跳时机，从而提升其在排球比赛中的拦网能力。

游戏准备：首先，确保有一块标准的排球场地可供使用，场地上的网应安装牢固、高度适宜。其次，准备若干个排球，供教练抛球或二传传球使用。

游戏方法：将学生均匀分成若干个两人小组，每组学生在2号位网前站好，准备拦截来自4号位的球。教练站在场地的适当位置，负责抛球或进行二传传球。当球飞向网前时，拦网者迅速判断球的方向，并进行相应的移动和起跳拦网。两人轮流进行拦网练习，以球是否被封堵过网点为准来判断拦网是否成功。在规定的时间内，成功次数多的小组为游戏的胜者。

游戏规则：

（1）拦网者须准确判断球的方向，并快速移动到位进行拦网。

（2）成功拦截的球必须越过网的上部，否则视为失败。

（3）在规定时间内，成功次数多的小组胜出。

## 二、亦步亦趋挑战赛

游戏目的：提升学生在拦网时的判断能力、反应速度，同时锻炼他们的起动与移动技巧，使他们能够更好地掌握起跳时机，从而提高整体拦网水平。

游戏准备：排球场地一块。

游戏方法：学生被均匀分成两队，并分别站在限制线后排成纵队。每队各派出一名队员参与游戏，例如甲队的一名队员先主动做出拦网动作，乙队派出的队员则紧跟其后，在同一地点模仿做出相同的拦网动作。每位队员连续完成5次这样的模仿动作。主动拦网的队员在完成拦网动作后，被动拦网的队员须在3秒钟内做出模仿动作，若超过3秒钟则视为失败。每位队员进行5次模仿，以3次成功者为胜（图7-21）。随后，两队交换主动与被动的角色，以此类推。最终，胜利次数多的队伍为游戏胜者。

游戏规则：

（1）在进行拦网时，手腕须高于网口。

（2）主动拦网的队员可以做出假动作以迷惑对手，但被动拦网的队员仍须准确模仿。

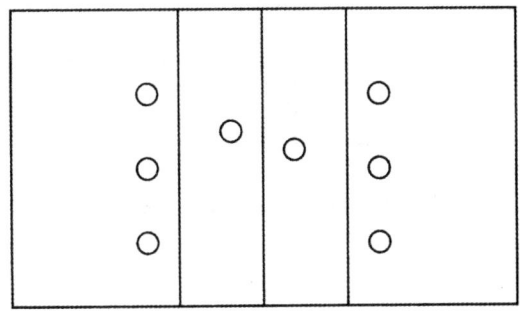

图7-21 亦步亦趋挑战赛

## 三、左右兼顾挑战赛

游戏目的：增强学生在移动中拦网的预判能力，提升他们的拦球技巧，使他们在排球比赛中能够更加准确地判断和拦截对方的进攻。

游戏准备：准备一块标准的排球场地，确保场地平整、安全，并准备好若干个排球供游戏使用。

游戏方法：将学生均匀分成两队，每队队员在各自的限制线后列队站好。游戏开始时，队员首先拦截对方2号位的高台扣球，然后迅速通过滑步移动到本方2号位，拦击对方4号位的高台扣球。每位队员完成两次拦击动作后归队，全队队员依次轮流进行。成功拦网一次得1分，最终得分多的队伍为游戏的胜者。

游戏规则：

（1）在进行拦网时，队员不得触网。

（2）拦网动作须规范，不得过网拦球，必须确保在己方场地内完成拦网动作。

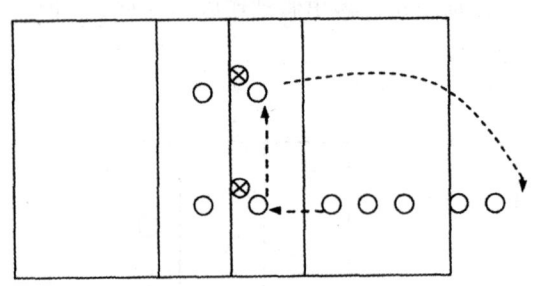

图7-22 左右兼顾挑战赛

## 四、高点拦击挑战赛

游戏目的：提升学生的拦网技术水平，增强其在实战中的应用能力，从而使其在排球比赛中能够更有效地拦截对方的进攻。

游戏准备：首先，确保有一块标准的排球场地可供使用，场地上的网应安装牢固、高度适宜。其次，准备若干个排球，供学生在游戏中进行扣球和拦网练习。此外，为了模拟比赛中的高台扣球，还须准备若干高台，放置在合适的位置，供学生进行高台扣球和拦网练习。

游戏方法：全体学生被均匀分成两队，并在各自场地的2号位边线处以纵队排列。游戏开始时，每队的排头队员站在2号位准备拦击从高台发出的扣球。每当成功拦击一次后，换下一位队员继续拦网，全队依次轮换进行。最终，完成拦网速度较快的队伍为游戏胜者（图7-23）。

游戏规则：

（1）拦网过程中，必须遵守拦网规则，如不得触网等。

（2）队员须准确判断球路，并快速做出反应。

（3）高台扣球的高度和力度应适中，确保游戏的公平性和安全性。

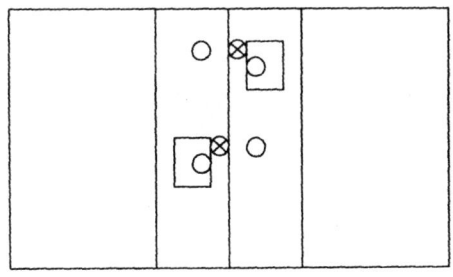

图7-23 高点拦击挑战赛

## 五、进退有序挑战赛

游戏目的：锻炼学生的拦网能力，同时培养他们在完成拦网后迅速下撤并准备防守的意识，以提升他们在排球比赛中的整体防守水平。

游戏准备：首先，准备一块标准的排球场地，确保场地平整、安全。其次，准备若干个排球，供学生在游戏中使用。

游戏方法：将全体学生均匀分成两队，并在4号位边线外列队站好。游戏开始时，每队的排头队员将上前进行拦网，目标是拦击对方4号位的高台扣球。完成拦网动作后，队员迅速后撤，准备接教师在场地中点抛出的球，并将球准确地传给本队的二传手。完成这一系列动作后，该队员归队，下一名队员继续上前进行拦网和防守练习。如此循环进行，直至全队所有队员都完成一次拦网和防守。

游戏规则：

（1）拦网时必须摸到球，否则需重新进行该轮次的拦网。

（2）在防守时，必须成功起球，即球被接住并顺利传给二传手，否则该轮次视为失败。

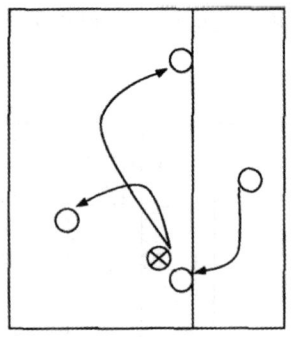

图7-24 进退有序挑战赛

# 参考文献

[1]何维彦，谢大伟，孙成.排球[M].北京：清华大学出版社，2018.

[2]杨娅男.排球教学与训练[M].厦门：厦门大学出版社，2018.

[3]陈小珍，陈坚坚.排球、气排球与沙排[M].杭州：浙江大学出版社，2017.

[4]虞重干.排球运动教程[M].北京：人民体育出版社，2012.

[5]白红.排球教程[M].北京：北京理工大学出版社，2012.

[6]梁健.排球[M].北京：北京师范大学出版社，2015.

[7]杨静文.中国精神视域下的女排精神研究[D].西安：西安交通大学，2018.

[8]杨捷.当代"女排精神"研究[D].石家庄：河北师范大学，2010.

[9]李莹.气排球[M].北京：中国人民大学出版社，2018.

[10]丁宝贵.软式排球、沙滩排球、气排球理论与方法[M].北京：北京师范大学出版社，2008.

[11]龚坚.现代体育教学论[M].重庆：西南师范大学出版社，2009.

[12]许玲俐，杨宋华.探讨高校排球教学的困境及发展策略[J].当代体育科技，2018，8（28）：93+95.

[13]刘素伟.普通高校排球教学的现状及改革对策[J].学校体育学，2013（3）33.

[14]李雯，左丹.普通高校排球教学的现状及改革对策[J].运动，2016（04）：80-81.

[15]李犀.高校排球教学影响因素探究[J].长春师范大学学报，2018，37（10）：119-121.

[16]王凯.探讨高校排球教学中存在的问题及对策[J].体育世界，2018（10）：156-157.

[17]王萍.陕西省普通高校排球运动开展现状调查分析[D].延安：延安大学，2014.

[18]员石.关于提高排球教学训练有效性的思考简[J].当代体育科技，2018，8（31）：58-59.

[19]单雨峰.中国大学生排球联赛的可持续发展分析[D].开封：河南大学，2011.

[20]李小勤.中国大学生排球联赛赛制分析及对策研究[D].开封：河南大学，2012.

[21]于贵和.软式排球、沙滩排球、气排球理论与方法[M].北京：北京师范大学出版社，2008.

[22]潘映旭.中国排球运动的可持续发展研究[M].北京：北京体育大学出版社，2007.

[23]杨洁.高校排球高水平运动队建设现状分析[J].体育世界，2018（08）：116-117.

[24]郑鸿湧.竞技排球后备人才培养现状及对策研究[J].文化创新比较研究，2018（20）：2.

[25]（美）乔纳森·里泽，（挪）罗尔德·巴尔，编.运动医学与科学手册排球[M].葛春林，译.北京：人民体育出版社，2006.

[26]祁燕琴，杨平世.心理训练在高校排球教学中的意义及应用探究[J].体育科技文献通报，2018，26（08）：146+154.

[27]徐璐璐，姚尧.关于排球教学中体育游戏的应用研究[J].才智，2018（25）：91.

[28]孙耀兰.体育游戏在排球教学中的运用探讨[J].当代体育科技，2018，8（18）：128+130.

[29]李华燕.体育游戏在排球教学与训练中的应用[J].当代体育科技，2018，37（6）：19-20.

[30]陈铁成，王幼华.现代排球教学与训练方法设计教程[M].厦门：厦门大学出版社，2012.

[31]马应才.影响普通高校排球教学俱乐部发展的因素[J].当代教育实践与教学研究，2016（03）：36+28.

[32]李丽丹.现代信息技术在高校排球教学中的应用[J].科技创新导报，2016，13（09）：155-156.

[33]朱明玉.课程思政融入排球教学的路径研究——基于TARGET模式[C]//中国体育科学学会.第十三届全国体育科学大会论文摘要集——墙报交流（学校体育分会）（七）.[出版者不详]，2023：3.